# 音乐教育的创新发展
# 与人才培养

刘 莎◎著

吉林出版集团股份有限公司

**图书在版编目（CIP）数据**

音乐教育的创新发展与人才培养 / 刘莎著 . -- 长春：
吉林出版集团股份有限公司，2024.8. -- ISBN 978-7
-5731-5815-4

Ⅰ . G633.951.2

中国国家版本馆 CIP 数据核字第 2024U0F147 号

**音乐教育的创新发展与人才培养**

YINYUE JIAOYU DE CHUANGXIN FAZHAN YU RENCAI PEIYANG

| | | |
|---|---|---|
| **著　者** | 刘　莎 | |
| **责任编辑** | 赵利娟 | |
| **封面设计** | 牧野春晖 | |
| **开　本** | 710mm×1000mm1/16 | |
| **字　数** | 173 千 | |
| **印　张** | 11 | |
| **版　次** | 2025 年 1 月第 1 版 | |
| **印　次** | 2025 年 1 月第 1 次印刷 | |

**出版发行**　吉林出版集团股份有限公司

**电　话**　总编办：010-63109269

　　　　　发行部：010-63109269

**印　刷**　三河市悦鑫印务有限公司

ISBN 978-7-5731-5815-4　　　　　　定价：79.00 元

# 前 言

音乐，作为人类文化的重要组成部分，不仅具有独特的艺术魅力，更承载着深厚的文化内涵和历史传承。音乐教育，作为培养人们音乐素养、审美能力和创新精神的重要途径，历来受到社会各界的广泛关注。随着时代的发展，音乐教育也在不断革新与进步，以适应多元化社会的需求。

本书旨在全面探讨音乐教育的各个方面，从概述与现状出发，深入剖析音乐教育的历史与发展、原理与心理学基础，以及教学内容、教学方法与教学策略。同时结合当前教育改革的背景，探讨音乐教育的创新发展、学生音乐审美与审美能力的培养，以及音乐教育评价与人才培养的新模式。针对高校音乐教育，本书还将探讨思政课程的融入及其重要性，以期为我国高校音乐教育的改革与发展提供有益的参考。

在第一章，我们将对音乐教育进行概述，介绍音乐教育的基本概念、目标及特点，分析当前音乐教育的现状及面临的挑战。第二章将回顾音乐教育的历史发展，从国内外两个维度出发，探讨音乐教育在不同历史阶段的特点与变化。第三章将从哲学和社会学的角度，探讨音乐教育的原理与心理学基础，为音乐教育提供理论支撑。第四章将重点讨论音乐教育的教学内容、教学方法与教学策略，包括音乐课程的设计、教学模式的选择以及教学方法的创新等。第五章将关注音乐教育的创新发展，探讨如何构建具有时代特色的音乐教育课程，以及如何应对多元文化背景下的音乐教育挑战。第六章将聚焦于学生音乐审美与审美能力的培养，分析音乐教育在审美教育中的重要作用，并探讨如何有效提升学生的音乐审美能力。

本书旨在为我国音乐教育的研究和实践提供全面的参考与指导，希望能够对广大音乐教育工作者、研究者和爱好者有所启发和帮助。

　　本书在编写过程中参考了众多书籍和资料，在此表示诚挚的感谢。由于时间和精力有限，本书的内容可能存在疏漏之处，恳请广大读者批评指正！

刘　莎

2024 年 5 月

# 目 录

CONTENTS

第一章　音乐教育概述与现状 ·················································· 1

　　第一节　音乐教育概述 ·················································· 1

　　第二节　音乐教育的现状 ·················································· 18

　　第三节　音乐教育教学的重要意义 ·································· 27


第二章　音乐教育的历史与发展 ·········································· 31

　　第一节　我国音乐教育的历史发展 ·································· 31

　　第二节　国外音乐教育的历史发展 ·································· 50


第三章　音乐教育的原理与心理学基础 ······························ 57

　　第一节　音乐教育的哲学原理 ······································ 57

　　第二节　音乐教育的社会学原理 ·································· 66

　　第三节　音乐教育对学生心理健康的影响 ····················· 72


第四章　音乐教育的教学内容、方法与策略 ······················· 87

　　第一节　音乐教学内容 ·················································· 87

　　第二节　音乐教育的教学模式 ······································ 93

　　第三节　音乐教育的教学方法 ······································ 96

**第五章 音乐教育的创新发展**·······················································119

    第一节 音乐教育课程的创新发展·······································119

    第二节 音乐教育教学核心课程的构建·····························131

    第三节 音乐教育革新与多元文化要求·····························133

**第六章 学生音乐审美与审美能力的培养**·············································145

    第一节 音乐教育中的审美教育·······································145

    第二节 音乐审美能力的培养·········································159

**参考文献**·······················································································168

# 第一章 音乐教育概述与现状

随着时代的飞速发展，音乐教育领域正逐渐从传统模式向信息化、职业化等多元化方向转变。这一转型对音乐教育的实施方式、方法和教育理念提出了更高的要求。值得注意的是，音乐教学在教学形式上与语言、自然科学等学科存在显著区别，这种差异源于音乐教学的独特性质。本章旨在概述音乐教育的核心意义，同时深入剖析当前音乐教育面临的现实挑战，以及在我国音乐教育研究中凸显的若干问题。

## 第一节 音乐教育概述

### 一、音乐教育的定义

音乐教育作为教育体系中的独特组成部分，是以音乐为核心载体，通过系统、有序的教育规划，为学生提供的一种全面、深入的教育活动。这种教育不仅是音乐文化的重要传承方式，也是促进学生全面发展、提升学生艺术修养的重要途径。音乐教育可以分为两大类：专业音乐教育和普通音乐教育。专业音乐教育旨在培养具备高音乐素养和强专业技能的音乐人才，而普通音乐教育更注重通过音乐陶冶学生的情操，提升其审美能力和综合素质。音乐教育兼具教育学的系统性和音乐学的艺术性，它在遵循一般教育规律的同时，也充分尊重了音乐艺术的独特性和创造性。因此，接受高质量的音乐教育不仅是对知识技能的积累，更是对心灵的深刻洗礼。

### 二、音乐教育的目的和理念及其在素质教育中的使命

音乐教育的目的和理念不限于培养专业的音乐家，而更注重通过先进、

科学的教育手段，为社会培育出具备高尚品德和健全人格的新时代人才。在当代中国，音乐教育被明确视为审美教育的重要组成部分，其目的是引导学生积极参与音乐实践活动，培养学生良好的学习态度，并丰富他们的情感体验。音乐教育不仅要让学生感受音乐的魅力，欣赏音乐的美，更要拓展他们的文化视野，使他们掌握音乐的基本知识和技能。通过这些努力，我们期望学生能够在音乐的世界里找到情感的共鸣，提升综合素质，成为既有才华又有情怀的全面发展的人才。

## （一）音乐教育的目的

### 1．初级阶段

初级阶段是音乐教育的起点，也是打牢基础的关键阶段。

（1）激发学习兴趣。教育的核心目标是唤起学生对音乐的热情和兴趣。兴趣是驱动学生学习的内在因素，只有学生对音乐真正产生了兴趣，他们才会自发地去探索和学习。因此，教师应采用富有吸引力和趣味性的教学方法，让学生感受到音乐的美妙，从而点燃他们对音乐的热爱。

（2）提升音乐感知能力。培养学生的音乐感知能力是初级阶段的重要目标之一。音乐感知能力包括对节奏、旋律、音色等基本音乐元素的感知和理解。通过反复的听觉训练和实践操作，学生可以逐渐提高对音乐的感知能力，为后续的音乐学习打下坚实的基础。

（3）养成音乐欣赏习惯。在这一阶段，教师还需引导学生养成良好的音乐欣赏习惯。音乐欣赏不仅是对音乐作品的聆听和感受，更是一种审美活动。通过引导学生欣赏不同类型的音乐作品，教师可以帮助学生建立健康的审美观念，提高他们的审美素养。

### 2．中级阶段

中级阶段是音乐教育的进阶阶段，学生开始具备一定的音乐基础知识和技能。

（1）增强音乐表现能力。在这一阶段，教师需要重点培养学生的音乐表现能力。音乐表现能力是指学生将内心的音乐感受通过演唱、演奏等形式表现出来的能力。通过大量的练习和实践，学生可以逐渐提高自己的音乐表现能力，展示他们的音乐才华。

（2）激发音乐创造力。培养学生的音乐创造力是中级阶段的重要目标之一。音乐创造力是指学生在音乐创作过程中表现出的创造力和想象力。教师可以通过布置创作任务、组织创作比赛等方式激发学生的音乐创造力，让他们在音乐创作中找到乐趣和成就感。

（3）培养音乐合作能力。在这一阶段，教师还需要注重培养学生的音乐合作能力。音乐合作能力是指学生在音乐表演中与同伴协作、配合的能力。通过组织乐队排练、合唱比赛等活动，教师可以帮助学生建立团队精神，提高他们的音乐合作能力。

**3．高级阶段**

高级阶段是音乐教育的深化阶段，学生已经具备较为扎实的音乐基础知识和技能。

（1）强化专业音乐素质。在这一阶段，教师需要进一步加强学生的专业音乐素质。这包括加强学生对音程、和弦、音色等基本音乐要素的理解和运用能力，提高他们的音乐理论水平。同时，教师还需注重培养学生的视唱练耳能力，帮助他们建立准确的节奏感。

（2）提升专业音乐技能。高级阶段的教育目标是提升学生的专业音乐技能。这包括歌唱技巧、演奏技巧等。例如，教师可以指导学生掌握正确的呼吸方法、发声技巧及乐器演奏技巧等，帮助他们提升音乐表演的质量和水平。

（3）发展综合音乐能力。在这一阶段，教师需注重培养学生的综合音乐能力。这包括音乐欣赏能力、创作能力等。教师可以通过引导学生分析经典音乐作品、创作自己的音乐作品等方式，帮助他们培养独特的音乐风格和创作理念。同时，教师还需注重培养学生的艺术修养和人文素养，帮助他们形成全面的音乐素养和综合素质。

此外，在整个音乐教育过程中，教师还需密切关注学生的个体差异和学习需求，根据学生的实际情况调整教学内容和方法，确保教学效果的最大化。

同时，教师还需注重不同类型音乐的搭配与融合，以尽可能拓宽学生的音乐视野，提高他们的音乐素养和综合素质。

## （二）音乐教育的理念

### 1. 坚持素质教育的核心

在音乐教育中，我们要始终坚持素质教育的核心理念。这一理念强调尊重学生的个性，确保学生在一个相互尊重、团结友好的环境中全面成长。尊重个性不仅是现代教育的主流思想，更是素质教育思想的核心要素。我们深知，只有充分尊重学生的个性，给予他们足够的空间，才能让他们自由地探索、平等地学习，从而培养出具备全面发展潜力的人才。

在实施音乐教育的过程中，我们注重培养学生的综合素质，包括音乐素养、审美能力、创新精神及团队合作能力。我们鼓励学生表达自己的独特见解，鼓励他们在音乐创作中展现自己的个性和才华。同时，我们也注重培养学生的社会责任感和道德观念，让他们在音乐学习的同时，形成健全的人格和高尚的品德。

### 2. 倡导"以人为本"的教育观

"以人为本"的教育理念在音乐教育中得到了充分体现。这一理念强调以学生为中心，尊重每个学生的个体差异和发展需求。在教育活动中，我们始终把学生放在首位，关注他们的成长和发展。

作为教师，我们致力于为学生创造一个宽松、自由的学习环境。我们鼓励学生勇于尝试、敢于创新，让他们在音乐学习中不断挑战自我、超越自我。同时，我们也注重培养学生的自主学习能力和终身学习的意识，使他们在音乐学习的道路上不断前行。

此外，"以人为本"的教育理念还强调教育的公平性和公正性。我们关注每个学生的学习进步和成长变化，尊重他们的努力和付出。我们坚信，每个学生都有自己独特的音乐天赋和潜力，只要给予他们足够的支持和引导，他们就能够实现自己的梦想和目标。

总之，音乐教育以素质教育和"以人为本"的教育理念为指导思想，致力于培养具备全面素质和创新精神的音乐人才。我们将继续探索和实践先进的教育理念与教学方法，为学生的成长和发展提供更加优质的教育服务。

### （三）音乐教育在素质教育中的使命

**1．普及与提升并重的音乐教育**

音乐教育应当面向所有学生，确保每位学生都能享受到音乐教育带来的益处。这不仅是通识教育和素质教育的核心要求，还是实现教育公平的重要体现。同时，我们也不能忽视音乐尖子生的培养，因为他们在音乐领域的出色表现能够激发更多学生对音乐的兴趣，促进音乐教育的整体发展。但是，我们必须明确，培养音乐人才并非音乐教育的唯一目标，更不是课堂教学的重点。音乐教育应面向全体学生，让每位学生都能在音乐中找到属于自己的乐趣和成就感。

**2．发挥音乐教育的审美与德育功能**

音乐教育的审美功能是其最本质和最独特的价值所在。我们应当更加注重音乐教育的审美体验，让学生在欣赏音乐的过程中感受到美，提升审美素养。同时，音乐教育也承载着德育功能，能够通过音乐作品的内涵和表现方式传递正能量，引导学生形成正确的价值观和人生观。因此，音乐教育应当充分发挥其审美和德育功能，为学生的全面发展提供有力支持。

**3．提升音乐教育的质量与地位**

当前，音乐教育在素质教育中的地位尚未得到充分重视。为了改变这一现状，我们需要客观、科学地宣传音乐教育的功能和作用，让更多人了解音乐教育的重要性。同时，我们也需要提高音乐教育的水平，通过优化教学内容、改进教学方法、提升教师素质等方式，提高音乐教育的质量和效果。只有这样，才能真正提升音乐教育在素质教育中的地位，实现音乐教育的全面发展。

**4．课堂教学与课外音乐活动相结合**

课堂教学是音乐教育的主渠道，我们应当充分发挥课堂教学的作用，提高课堂教学水平和教学效率。同时，我们也不能忽视课外音乐活动的重要性。

课外音乐活动能够为学生提供更多的实践机会和展示平台，激发他们的音乐兴趣和创造力。因此，我们应当将课堂教学与课外音乐活动相结合，形成教育合力，共同推动音乐教育的发展。

5. 兴趣与技能并重的音乐教学

在音乐教学中，我们不仅要注重培养学生的学习兴趣，还要传授必要的音乐知识和技能。兴趣是学习的动力源泉，只有当学生对音乐产生浓厚的兴趣时，他们才会主动探索、深入学习。同时，音乐知识和技能的学习也是必不可少的，它们能够帮助学生更好地理解音乐作品，提高学生的音乐表现能力。因此，在音乐教学中，我们应当坚持兴趣与技能并重的教学原则，让学生在轻松愉快的氛围中学习音乐、享受音乐。

6. 优化音乐教学过程与评价机制

传统的音乐教学评价过于注重结果而忽视过程，这种评价方式已不适应现代音乐教育的发展需求。我们应当优化音乐教学过程和评价机制，注重对学生学习过程的关注和评价。通过优化教学过程，我们能够更好地引导学生参与音乐实践活动，培养他们的音乐创造力和合作能力；通过改进评价机制，我们能够更全面地了解学生的学习情况和进步程度，为他们提供更有针对性的指导和帮助。

7. 优化学生与教师的互动与合作

在音乐教学中，学生与教师之间的互动和合作至关重要。我们应当打破传统的"听讲"教学模式，鼓励学生积极参与音乐教学活动，表达自己的见解和感受。同时，教师也应充分发挥主导作用，通过精心设计和组织教学活动，引导学生进行深入思考和探索，从而激发学生的积极性和创造力。只有当学生和教师之间形成良好的互动与合作关系时，音乐教学才能真正实现其教育目标，发挥最大的价值。

## 三、音乐教育的本质与特点

### （一）音乐教育的本质

音乐教育的核心在于对"人"的培养。它通过挖掘和提升个体的审美能力，进而增强其审美素养，构建完整的审美心态，旨在滋养心灵与塑造个性。在现代社会，音乐教育通过提升审美能力来实现"教育人"的目标。因此，音乐教育应将整个教育过程视为一个有意识且专注的审美旅程，这一过程需渗透各种审美元素，其内容也应充分展现美的精髓。随着美感的频繁与持久呈现，学生的情感和意向将受到熏陶，从而逐渐凝练出审美道德规范，使个性更加完善。从教师的角度看，其首要任务不是单纯传授音乐知识，而是协助学生发掘并领略音乐所蕴含的美。对学生而言，音乐教育的价值不仅在于知识与技能的习得，更在于教师所带来的启发、激发、感染、鼓舞与净化作用。"音乐课程"不局限于"文本教学"，它更是一种由师生共同感受、体验、理解与反思的"体验式课程"。正因如此，基础教育中的音乐课程在人文教育中占据关键地位，也成为实施美育的重要渠道之一。

**1. 审美性**

有些人可能会认为，每个人都有爱美之心，因此无须特别培养学生的审美能力。但实际情况并非如此。美是有明确标准的，如果一个人对美的认知模糊不清，甚至可能误将丑陋视为美好，那么他所欣赏的就不是真正的美。因此，对学生进行审美心理的培养至关重要。这种培养不仅关乎审美观的形成，还涉及道德观、人生观及价值观的形成。

教师在审美教育过程中，需要着重解决两个问题：一是对美的正确认识和鉴赏能力，二是对美的积极追求和创造性表达。

（1）美的认识和鉴赏。首先，我们需要明确什么是美。美，是人类社会实践与自由创造的具象表现。这种自由创造不是随心所欲的，而是在遵循客观规律的基础上，实现个人目的的过程。同时，它也体现了人们在创造过程中对自我的解放。

美大致可以分为四种形态：社会美、自然美、艺术美及形式美。在现代音乐教育中，这四种美都有所体现，艺术美最为突出。在音乐领域，艺术美主要体现在四个方面：旋律的优美动人、音乐形象的生动鲜明、音色组合的丰富多彩以及意境和神韵的深远悠长。

（2）美的追求和创造。在对学生进行审美教育时，我们不仅要关注艺术美和形式美，还要涉及社会美和自然美。我们不仅要引导学生欣赏和创造音乐本身的艺术美与形式美，还要深入挖掘音乐作品背后的思想内涵，帮助学生领悟和理解那些无法用言语表达的音乐精神境界。我们的目标是激发学生对美的追求，从音乐延伸到文学、艺术、仪表、行为、心灵等各个方面，从而达到陶冶情操、净化心灵的效果。

在现代音乐教育中，审美教育的实施必须以审美为核心。这体现在教学内容的选择、教学方法的运用及教学形式的创新上。同时，对于教师而言，他们的语言表达、作品的演绎、演奏，乃至衣着仪表，都应该展现出审美的特质。审美教育的最终目标是让学生在美的熏陶下感悟人生的真谛，成为具有高尚情操、美好道德和纯洁心灵的人。

2. 多元性

现代音乐教育的多元性特征显著，主要体现在以下三个方面：

（1）跨学科知识的融合。音乐与人类文明历史紧密相连，作为一种社会现象，它与社会科学、人文科学以及自然科学都有着密切的联系。现代音乐教育不仅涉及音乐本身，还与许多其他学科交织，如语文、历史、地理，甚至物理和化学。这种跨学科性使得音乐教育不仅具有审美功能，还在道德培养、智力开发和身体健康方面发挥着重要作用。因此，在素质教育的大背景下，我们应充分发掘并利用音乐教育的多元功能，以培养全面发展的人才。

（2）音乐教育系统的多元结构。现代音乐教育本身就是一个多元化的系统，这主要体现在两个方面：首先是知识传授的多元性，我们的音乐教材包含了歌唱、器乐演奏、音乐欣赏、乐谱识别及音乐创作等多个领域，每个领域都有其独特的理论知识和实践技能。其次是能力培养的多元性，除了培养学生的音乐能力，如演唱、演奏、乐谱识别、音乐感受与鉴赏、音乐表现与创作等，现代音乐教育还注重培养学生的通用能力，如注意力、观察力、记忆力、想象力以及思维和创造力等。

（3）真、善、美的和谐统一。在现代音乐教育中，真、善、美的和谐统一得到了充分体现。"真"代表对客观规律的探索,"善"是人类在特定目的下对事物的改造活动,"美"则是主体目的在客体上的完美实现,是主客体在"真"与"善"基础上的统一。音乐作品往往通过精湛的艺术手法和动人的旋律,将真、善、美融为一体,展现出和谐与统一的美感。

3．工具性

音乐教育在人类音乐文化的延续和发展中扮演着至关重要的角色,是音乐文化信息传递的媒介。从古至今,无论是口传心授的远古时期,还是如今采用现代化电教手段的时期,音乐教育都始终通过不同的方式传承着音乐文化的精髓。因此,可以说现代音乐教育具有显著的工具性,是传递音乐文化信息的核心工具。

除了作为音乐文化传承的工具,现代音乐教育还为阶级利益服务。在我国历史长河中,许多杰出的思想家和政治家都深知音乐教育的价值,如西周时期的姬旦和春秋战国时期的孔子。他们认为,音乐教育不仅能够为统治阶级培养合格的接班人,还可以作为统治人民的有效手段。在抗战时期,音乐教育更是反映人民心声、鼓舞人民抗日救亡斗志的有力武器。

在音乐教育中,应充分发挥音乐对学生思想意识的影响作用。教师要通过引导学生学习积极向上、有益身心健康的音乐作品,帮助他们树立正确的人生观和价值观。

## （二）音乐教育的特点

1．基础性特点

音乐教育的基础性主要体现在基本的音乐知识和音乐技能上,这些基础为学生的长远发展提供了坚实的基础,并对他们的音乐学习和音乐感受产生了深远影响。因此,在音乐教育的过程中,我们必须高度重视音乐基础知识的教学。

2．开放性特点

在音乐教育中,应将社会音乐教育与家庭音乐教育相结合,将学生的日常生活与音乐教育紧密相连,从而形成综合的教育力量。教师在选择和安排教学内容与教材时，应保留一定的灵活空间，避免过度追求统一，充分尊重和发挥学生的个性。此外，教师在音乐教育的过程中，还应加强与其他学科的联系，以实现各学科间的紧密合作和共同发展。

3. 科学性特点

在进行音乐教育时，必须注重教学内容和教学目的的科学性。音乐教育的科学性意味着让教育更符合我们所倡导的教育理念，并能科学地构建高校教育体系，而不是让学生通过科学推理的方式去学习音乐。具体来说，音乐教育的科学性体现在以下几个方面：a 精心挑选普通音乐教育和专业音乐教育的教材；b 教师在教授音乐时，既要突出学科特色，又要考虑不同年龄段学生的接受能力；c 教师应尝试新的教学方法和探索新的教学形式，并充分利用现代科技成果。在信息技术日新月异的今天，我们必须引导学生学习网络音乐，并加强监督，确保他们在线学习的是积极健康的音乐。作为教师，更应学习并掌握多媒体技术，将其运用于教学中，以提高学生的学习兴趣。

4. 实践性特点

理论与实践相辅相成，音乐教育也是如此。在音乐课上，教师要向学生传授大量的理论知识。为了让学生更好地吸收这些理论知识，可以让他们亲身参与多样化的音乐实践活动。这样，学生可以更全面地掌握基本的音乐知识和技能，并从中获得欣赏音乐的体验和审美愉悦，能进一步培养学生对音乐学习的兴趣，增强他们对音乐的感受和创作的信心。通过实践来学习音乐是学生最容易接受的教学方式。

## 四、音乐教育的本质

### （一）音乐教育的人性化关怀

在中国古代，音乐教育非常注重"润物细无声"的影响，旨在促进学生各项素质的协同发展。但是，当下不少音乐教育却与传统理念相悖，追求急功近利的教学效果。在"技能至上"和"科学至上"的观念引导下，教育使命已严重偏离。它们忽视了"以人为本"的教育理念，对学生的个人情感和个性发展缺乏应有的关注和尊重。

音乐教育的人文精神核心在于尊重人的价值，充分激发人们对音乐知识和技能的深度思考、想象与联想，最大限度地挖掘人的潜能，持续对人的精神世界产生积极影响，从而实现人格的升华。当音乐教育被视为人类的一种自然属性时，它体现了对个人独特生活体验和情感波动的尊重；而当音乐教育作为人类的一种社会属性时，它表达了对美好生活的向往，以及对自律、自爱、自我完善等高尚品格的推崇，闪耀着人性化关怀与生命之光。

### （二）音乐教育的审美维度

#### 1．天赋与深化理解

在音乐教育中，天赋（灵性）是指学生天生对音乐的感知力和直觉，这种能力随着学习的深入不断被发现和转化。深化理解则是指通过学习和实践，学生不断提升对音乐作品的认知和理解，这是音乐教育在提升人的自然美方面的重要表现。在改革实践中，我们应当着力培养学生的这种深化理解能力。

#### 2．外部娱乐与内在愉悦

音乐教育的审美维度包括外部娱乐和内在愉悦。外部娱乐主要指教师主导的教学模式通过评价和审美活动，使学生理解并遵循教师的规范。内在愉悦则强调学生在音乐学习过程中的自我享受和个性追求，这是音乐教育中的个体利益所在。为了实现音乐教育的人文关怀，我们应当鼓励学生更多地追求内在愉悦，体验音乐学习的乐趣。

#### 3．理性思考与感性体验

在音乐教育中，理性思考与感性体验是相辅相成的。理性思考强调对音乐知识的系统性学习和对音乐形式的理性分析，感性体验则关注音乐给人带来的内心感受和情感共鸣。在教学过程中，我们既要注重培养学生的理性思考能力，也要引导他们深入体验音乐所传达的情感和意境。

#### 4．传统继承与创新实践

音乐教育的审美维度还体现在传统继承与创新实践上。传统继承强调对经典音乐作品的传承和演绎，创新实践则鼓励学生在音乐学习中发挥想象力和创造力，进行即兴创作和表演。在音乐教育的过程中，我们应当平衡好两者的关系，既尊重传统又鼓励创新，让学生在继承中发展，在创新中成长。

### （三）音乐教育的情感共鸣

音乐，作为一种独特的艺术形式，深深植根于人们的情感之中。音乐教育不仅是技艺的传授，更是情感的交流与共鸣。在音乐教育的过程中，师生间的情感交流至关重要。这种交流不仅能够满足音乐审美的需求，还能够深化学生对音乐的情感体验，进一步提升其音乐情感水平。通过音乐教育，我们能够培养学生的情感表达与感知能力，使他们在音乐的熏陶下形成健全的人格。

在当今这个科技日新月异的时代，音乐教育的科学性常被过分强调，但我们不能忽视音乐情感的重要性。科学技术虽然为音乐教育提供了强大的支持，但音乐教育的本质在于其人文性，即对人们内心世界的触摸和启迪。因此，我们需要将音乐教育的情感化置于更加突出的位置，使音乐教育回归本质，实现人文主义的理想。

### （四）音乐教育的个性彰显

近年来，音乐教育领域对个性的重视越发显著。音乐教师不再只是知识的传递者，更是学生音乐道路上的引路人。他们与学生建立深厚的友谊，关注学生的心理变化，用真诚的态度解读音乐的内涵。这样的教学方式使得音乐学习变得更加生动有趣，每个学生都能够在音乐的世界里找到自己的位置。

个性化的音乐教育强调学生的主体性和创造性，鼓励学生勇于表达自己的情感与思想。在这样的教育环境中，学生不仅能够学习音乐知识与技能，还能形成独特的音乐风格，释放自己的个性魅力。音乐教育的个性化不仅是对学生个性的尊重，更是音乐教育多元性和包容性的体现。

### （五）音乐教育的艺术升华

音乐教育的艺术化体现在音乐知识与技能的传授以及艺术素养的培养上。在音乐教育的过程中，学生需要不断积累感性经验和理性知识，实现技术与艺术的和谐统一。一个优秀的音乐作品不仅要求演奏者具备高超的技巧，更要求他们具备丰富的艺术想象力和深厚的艺术修养。

为了实现从音乐技术教育向艺术教育的转变，我们需要摆脱"技术第一"的束缚，将音乐教育的目标从单一的技术训练转向全面的艺术素养培养。音乐教育应该注重激发学生的创造力和想象力，让他们在音乐的世界里自由探索、勇于创新。同时，我们也需要转变当前"重技术轻艺术"的观念，使音乐教育改革真正落到实处，培养出更多具有艺术素养和创新精神的音乐人才。

在这个过程中，教师需要扮演好引导者和启迪者的角色，用自己的专业知识与人生经验去影响和感染学生。他们应该关注学生的个体差异和兴趣需求，用个性化的教学方式去激发学生的潜能和创造力。同时，教师也需要不断更新自己的教育理念和方法，以适应时代的发展和学生需求的变化。

总之，音乐教育的艺术化需要我们在传授音乐知识与技能的同时，注重培养学生的艺术素养和创新能力。只有这样，我们才能真正实现音乐教育的目标，培养出更多具有艺术气质和创新精神的音乐人才。

## 五、音乐教育的重要性及其功能

### （一）音乐教育是德育的重要载体

音乐教育在德育体系中占据着重要的位置。通过艺术的形式，它深入学生心灵，塑造其品格与灵魂。音乐来源于生活，却高于生活，它以艺术化的方式展现生活的美好与丑恶，帮助学生建立对真理和美的道德判断，从而树立积极向上的人生观和价值观。音乐教育能够激发学生的爱国情怀，培养他们热爱祖国、热爱人民的情感，引导他们积极向上，追求卓越。在提升学生综合素质的过程中，音乐教育以其独特的人文素质塑造功能，成为培养学生高尚情操和人文素养的重要途径。

音乐的旋律、节奏、和声等元素不仅给予人们美的享受，更在潜移默化中影响着人们的情感和思维。通过音乐的熏陶，学生能够在节奏中感受到情感与美感，体验到音乐在情感和意识方面的影响力与感染力。这种审美体验的过程，使学生能够在欣赏音乐的同时，理解音乐作品，进而获得发现美、理解美、创造美的能力。

## （二）音乐教育助力学生创新能力的培养

在当今飞速发展的时代，创新能力已成为国家和民族持续发展的核心动力。音乐教育在培养学生的创新能力方面发挥着重要作用。音乐的审美想象是基于声音向声音形象的转变，这种转变过程充满了自由和情感，为学生提供了广阔的创新空间。在音乐的学习和实践中，学生需要运用想象力和创造力，将音乐的元素进行组合和表达，这一过程锻炼了他们的创造性思维和情感思维。

通过音乐教育，学生不仅能够掌握音乐的基础知识和技能，还能够在音乐的世界中自由探索、勇于创新。这种探索和创新的过程不仅提升了学生的音乐素养，还培养了他们的创新思维和创新能力，为他们未来的职业发展和社会适应能力奠定了坚实的基础。因此，音乐教育在培养创新人才方面具有重要的价值和意义。

## （三）音乐教育道德教育的隐性力量

音乐，作为跨越语言和文化界限的通用语言，不仅以其独特的审美价值令人陶醉，还在潜移默化中影响着人的情感和品格。在教育中，音乐教育不仅是艺术教育的重要组成部分，还是道德教育的隐性力量。通过音乐教育，我们能够提高学生的思想道德素质，使其成为具备高尚道德情操和健全心理素质的优秀人才。

音乐教育通过其内在的道德教育因素，引导学生树立正确的审美观念，培养他们的审美情趣和审美能力。在音乐作品中，歌词与旋律所蕴含的道德观念、人生哲理和情感价值，能够激发学生内心的共鸣，使他们在欣赏音乐的同时，感受到道德的力量和美的魅力。这种教育方式避免了枯燥的说教，让学生在愉悦的氛围中接受道德教育，从而实现德育的潜移默化。

音乐教育在塑造学生道德品质方面具有独特优势。通过音乐的感染力和影响力，学生能够在情感上得到陶冶和升华，形成积极向上的道德情感和道德观念。这种教育方式不仅注重学生的知识学习，更关注他们的情感体验和道德成长，使学生在音乐中感受到真、善、美的力量，从而自觉追求高尚的道德境界。

因此，音乐教育是德育的重要组成部分，它以其独特的艺术魅力和道德价值为教育注入了新的活力。我们应该充分发挥音乐教育的德育功能，让音乐成为道德教育的有力助手，为学生的全面发展奠定坚实的基础。

### （四）音乐教育塑造完整人格的重要桥梁

人格是一个人心理机制和素质的综合体现，涵盖了知识、意志、情感等多个方面。在教育中，音乐教育凭借其独特的艺术魅力和审美价值，成为塑造完整人格的重要桥梁。

音乐教育通过其综合性的艺术表现形式，为学生提供了一个全面发展的平台。在音乐学习中，学生不仅需要掌握音乐知识和技能，还需要培养自己的审美情感、创造力和想象力。这种综合性的学习方式有助于促进学生的全面发展，使他们在知识、情感、意志等方面得到均衡发展。

同时，音乐教育在塑造学生完整人格方面具有独特的作用。通过音乐作品的感染和熏陶，学生的情感能够得到升华和净化。这种教育方式有助于培养学生的高尚情操和健全的心理素质，使他们在面对困难和挑战时，能够保持积极向上的心态和坚定的信念。

此外，音乐教育还可以促进学生的个性发展和自我完善。在音乐学习中，学生可以根据自己的兴趣和特长选择适合自己的音乐形式与风格，充分发挥自己的创造力和想象力。这种个性化的学习方式有助于培养学生的独特个性和创新精神，使他们在未来的学习和工作中更具竞争力与创造力。

因此，音乐教育是塑造完整人格的重要桥梁。我们应该充分发挥音乐教育的独特优势，将其纳入教育体系，为学生的全面发展提供更加丰富的资源和支持。

## （五）音乐教育身心健康的和谐乐章

在紧张而单调的学习生活中，学生往往容易感到身心疲惫。长时间的专业和技术知识学习，以及缺乏人际交流，都可能对学生的身心健康产生不利影响，导致心理状态的不稳定和身体机能的下降。音乐教育以其独特的方式，成为促进学生身心健康的和谐乐章。

音乐教育通过美的传递，有效激发了学生的审美感受。在音乐的熏陶下，学生的感官被激活，神经系统在音乐的刺激下产生积极的反应，从而在生理和精神层面达到和谐统一，使人沉浸在极度的审美愉悦之中。

音乐教育对心理健康的积极影响体现为其能够促进个体情感的抒发和表达。音乐能够引发联想和想象，构建一个充满美感的内心世界。在这个世界中，个体可以尽情释放情感，获得精神上的满足和宁静。这种情感的宣泄和表达有助于缓解压力，调节情绪，促进心理健康。

同时，音乐教育对身体健康的益处也不容忽视。音乐能够激发人体的生理反应，如促进肾上腺素的分泌，增强活动能力。当人体受到音乐的持续刺激时，神经中枢会产生兴奋反应，这种兴奋会吸引并增强较弱的兴奋，形成暂时性的神经联系，从而推动情感活动达到高潮。这种生理反应有助于促进血液循环和新陈代谢，增强体质。

此外，音乐教育还具有娱乐和休闲的功能。学生在紧张的学习之余，可以通过音乐放松身心，享受片刻的宁静和快乐。音乐可以成为学生课余生活的调节剂，让他们在紧张与放松之间找到平衡，保持身心的健康状态。

因此，音乐教育是促进学生身心健康的和谐乐章。通过音乐的美妙旋律和动人节奏，学生能够感受到身心的和谐与平衡，从而促进身心健康的发展。音乐教育应当成为教育体系中不可或缺的一部分，为学生的全面发展提供有力的支持。

## 六、音乐教育的深远意义

在教育的殿堂中，汇聚着一群充满活力与创造力的青年学子。他们是国家的未来，承载着国家的希望与民族的未来。音乐教育作为教育的重要组成部分，其意义深远且不容忽视。

### （一）音乐教育助力精神文明建设

音乐教育不仅传授音乐知识与技能，更在无形中推动着精神文明建设。通过科学、系统的音乐教育，学生不仅能在音乐理论和技能上得到提升，还能在音乐作品的熏陶下陶冶情操，树立远大理想。这种教育功能对社会的全面发展和文明进步具有积极的推动作用。

### （二）音乐教育是艺术教育的璀璨明珠

音乐作为艺术的一种独特形式，以其特有的旋律和节奏表达着人们的情感和生活。音乐教育作为艺术教育的重要组成部分，通过歌唱、演奏和欣赏等多种形式，让学生在艺术的海洋中遨游，感受音乐的美妙与力量。音乐教育不仅是艺术学习的重要途径，还是培养学生艺术素养和审美能力的重要渠道。

### （三）音乐教育是美育素质教育的有力推手

美育素质教育是教育的重要目标之一，而音乐教育是实现这一目标的重要手段。通过音乐教育，学生不仅能够学习音乐知识和技能，还能在音乐的熏陶下提高审美能力和表现能力，形成健全的美育素质。音乐教育在培养学生基础音乐素质的同时，也为学生的全面发展提供了有力的支持。

## （四）音乐教育激发音乐文化活动的活力

随着生活水平的提高，人们对精神文化的需求也日益增强。音乐教育作为推动音乐文化活动的重要力量，不仅能够满足人们对音乐的需求，更能激发人们的创造力和想象力。通过音乐教育，学生不仅可以学习音乐知识和技能，还能参与各种音乐文化活动，感受音乐的魅力和力量。这种大众性的文化需求促进了音乐文化活动的繁荣发展。

从更广阔的视角来看，音乐教育在教育中扮演着举足轻重的角色。它旨在实现人的全面发展，使学生在掌握专业知识的同时，拥有丰富的人文素养和审美能力。音乐教育不仅关注学生的技能培养，更关注学生情感、态度和价值观的培养。通过音乐教育，学生能够在音乐的熏陶下，形成健全的人格和具有深厚的文化底蕴，为未来的社会发展和进步贡献自己的力量。

# 第二节　音乐教育的现状

## 一、音乐教育的现实处境

### （一）我国音乐教育基础尚待夯实

1. 音乐教育受到的关注度有所欠缺

在我国，一些高校的高层管理人员对艺术教育的重视程度不足，导致艺术教育在高等教育体系中的地位相对边缘化。随着国内高校扩招，学生人数激增，而教育资源有限，很多高校将更多的资源和精力集中在保障日常教学工作的顺利进行上。

2. 传统音乐教育在教学中被边缘化

传统音乐作为承载丰富的民族文化的艺术形式，在我国有着深厚的根基。它涵盖了歌剧、民歌、说唱、器乐及歌舞等多种形式。但是，在当前的音乐教育中，由于长期受到西方音乐体系的深刻影响，我们不难发现，西方音乐的教学内容占据了主导地位。在培养音乐教师时，也往往以西方音乐理论和实践为基础，导致教师们在传统音乐教育方面的知识和能力相对不足。

这种趋势在一定程度上导致了传统音乐在教学实践中的边缘化。学生在接受音乐教育时，更常接触到西方音乐的知识和技能，而对传统音乐的了解和学习相对较少。这不仅影响了学生对传统音乐文化的认知和传承，限制了传统音乐在现代音乐教育中的发展。因此，加强传统音乐教育在教学中的比重，提升教师与学生对传统音乐的认识和重视程度，是当前音乐教育亟待解决的问题。

### （二）音乐教育的审美理念存在认知偏差

音乐作为一种独特的艺术形式，其内涵往往难以像文字那样直接传达，这使得许多人难以真正理解和把握音乐的深层意义。在音乐教育中，人们常常陷入一种误区，即过度强调音乐的教条化和形式化，试图通过添加过多的文学性元素，如乐谱分析，来帮助学生理解音乐。但这种做法往往只停留在表面分析的层面，甚至可能让音乐的意义被某个分析者的个人观点所限制，从而失去了其本真和多元性。

实际上，这种教条化和形式化的音乐教育方式对音乐本身就是一种限制，也对学习音乐的人产生了负面影响。音乐教育本应致力于提升学生的审美情趣，培养他们的综合创作能力、研究能力和社会交际能力。这些综合素质的培养和发展都离不开一个核心因素，那就是音乐审美教育。音乐审美教育在整个教育体系中占据着举足轻重的地位，它不仅对美育和素质教育有着特殊的意义，更对学生的生活品质和精神世界产生深远的影响。因此，我们需要重新审视音乐教育的审美理念，摆脱过去的误区，让音乐真正发挥其独特的魅力和价值。

#### 1. 音乐教育审美与表现价值的忽视

在当今的音乐教育中，我们往往忽视了其深层的审美价值和表现价值。每个学生都有独特的个性和潜力，而音乐教育正是培养和展示这些潜力的最佳平台。但由于当前教育模式的局限性，一些学生可能未能充分领略音乐的魅力，进而在人际交往和自我表达时不够自信。音乐教育不仅能够帮助学生塑造个人风格，还能在提升他们的综合素质方面发挥重要作用。在社交场合中，音乐常常成为沟通心灵的桥梁，使人们在无法用言语表达的时刻找到情感的出口。因此，我们必须重新评估音乐教育在培养学生审美情趣和表演能力方面的作用，确保学生能够在音乐的熏陶下自信地展现自我。

### 2. 音乐教育教学过程的理性化反思

在音乐教育的过程中，我们往往过分强调理性教学，即注重传授逻辑和理性的思维方式。但音乐作为一门艺术学科，其本质在于情感和感性的表达。理性教学虽然有助于培养学生的逻辑思维能力，但忽视了音乐教育的情感需求和艺术特质。音乐课应当以满足学生的情感需求为目标，让他们在音乐的熏陶下感受美、体验美、创造美。因此，我们需要对音乐教育的教学过程进行反思和调整，注重感性与理性的结合，让学生在轻松愉悦的氛围中感受音乐的魅力，实现全面发展。

## （三）音乐美学的演变与新时代的挑战

音乐美学，作为研究音乐艺术之美的学科，其发展历程与其他学科相似，是一个不断演进和创新的过程。在新时代的背景下，音乐美学面临着前所未有的挑战和机遇。值得注意的是，现代音乐美学在继承传统音乐教育精髓的同时，也在积极探寻新的发展方向。但当我们审视当前的音乐现象时，不难发现原有的音乐美学教材（乃至整个音乐教育体系）在某些方面呈现混乱和不连贯的状态。

这种混乱和不连贯性不仅体现在教材内容的安排上，还表现在教育理念和教学方法的更新上。传统的音乐美学教材往往过于注重理论知识的传授，而忽视了对音乐实践能力和审美能力的培养。这种教育模式已经无法满足新时代对音乐人才的需求。因此，我们需要对音乐美学教材进行全面的审查和更新，以适应新时代音乐教育的发展需求。

同时，我们还需要关注音乐美学在新时代背景下的转型和发展。随着科技的进步和文化的交流，音乐美学已经不再是一个孤立存在的学科，而是一个与其他学科相互渗透、相互融合的学科。因此，我们需要打破传统音乐美学的学科壁垒，积极吸收其他学科的研究成果，为音乐美学的发展注入新的活力。

总之，音乐美学的演变是一个持续不断的过程。我们需要不断进行探索和创新，以适应新时代音乐教育的发展需求。同时，我们也需要正视当前音乐美学教材存在的问题，积极寻求解决方案，为音乐美学的发展提供有力的支持。

**1. 音乐审美观念的变革**

在现代社会，随着消费观念和生活方式的巨大转变，人们的音乐审美观念也发生了深刻的变化。这种变化不仅体现在购买力、选择权和获取信息的便捷性上，更在音乐的个性化、大众化、生活化、参与性以及节奏表现等方面得到充分体现。

（1）个性化的崛起。随着市场经济的繁荣和媒体技术的飞速发展，音乐不再是单一、固定的模式，而是呈现出多元化、个性化的特点。个人叙事逐渐取代集体叙事成为音乐创作的核心，音乐以更加拟人化、亲切的形象走进人们的生活。这要求音乐创作者和表演者以更加包容与开放的心态，展现音乐的多面性和丰富性。

（2）大众化的普及。传统的音乐美学往往以崇高的英雄主义为审美价值的中心，而忽视了普通人的生活和情感。但在现代社会，随着人们购买力和市场选择权的增加，底层音乐美学逐渐得到展现和认可。音乐开始更多地关注普通人的生活、情感和喜怒哀乐，这种大众化的普及并不是审美能力的下降，而是对音乐多样性的尊重和追求。

（3）生活化的融入。音乐曾经是仪式和贵族文化的象征，但在现代社会，随着音乐媒体的普及和便捷，音乐欣赏已经成为人们日常生活中的一部分。音乐的"神性"逐渐被世俗化、娱乐化取代，美学仪式开始融入日常生活。这种生活化的融入使音乐更加贴近人们的实际生活，满足了人们多样化的审美需求。

（4）参与性的增强。在传统的音乐表演中，观众往往处于被动接受的地位。但在现代社会，随着音乐满足感和买方市场的兴起，观众不再满足于仅仅作为"观众"，而是希望更加积极地参与到音乐表演和创作中。这种参与性的增强不仅提升了观众的参与感和满足感，还促进了音乐创作的多样性和创新性。

（5）节奏表现的重要性。在人类音乐的发展历程中，节奏一直扮演着重要的角色。在信息时代，随着人们生活节奏的加快和时间的碎片化，节奏的重要性越发突出。在现代音乐中，节奏变得更加复杂多变，不仅具备独立的表现力，还成为音乐创作中不可或缺的元素。这种节奏表现的重要性不仅反映了现代社会的快节奏和多元化特征，还为人们提供了更加丰富的音乐体验和感受。

2．视觉与音乐的交融

音乐与视觉之间的紧密联系自古以来就存在。在面对面交流音乐的岁月里，音乐的体验不仅局限于听觉，还与音乐的创作者、表演者和观众之间的视觉互动密切相关。虽然即使闭上眼睛也能感受音乐的魅力，但视觉元素在音乐的传播和体验中一直占据着重要地位。

直到电子时代的来临，音乐才开始以"纯粹听觉"的形式独立存在，如通过 CD（小型镭射盘）或磁带播放。但随着多媒体技术的飞速发展，音乐与视觉的交融再次成为主流。多媒体图像传输的便捷性以及个人经济能力的提升，使得人们更倾向于享受身临其境的音乐体验，而不是仅通过电子媒介接受音乐。

在音乐的多元元素中，节奏相较于音色更为直观。音色虽然能够展现音乐的丰富性和动态性，但节奏作为音乐的骨架，更能直接触动人心。音乐不应仅限于声音的表达，而应探索在声音、图像、色彩、构图、语言等多种媒介中的可能性，以展现其更为全面和丰富的表现力。

因此，现代音乐体验正逐渐演变成一种视听盛宴。通过多媒体技术的运用，音乐与视觉的交融更加紧密，为人们带来了前所未有的感官享受。

3．身体在音乐中的新角色

在新时代的音乐舞台上，身体被赋予了全新的美学意义。音乐中的身体不再是服务于某种崇高目的的工具或牺牲品，而是作为一个独立且快乐的个体存在。这种转变既标志着音乐审美观念的巨大革新，也揭示了身体在音乐创作和演绎中的核心地位。

动态音乐尤其需要身体的参与和表达。例如，在黑人音乐中，身体与音乐的紧密结合几乎达到了完美的境地。身体成为节奏的载体，通过舞蹈、摇摆等动作，将音乐的动感和节奏传达给每一位观众。这种身体与音乐的互动不仅让音乐更加生动且富有感染力，还让观众能够更深入地感受音乐的魅力。

在音乐创作和演绎过程中，身体的作用变得更加多元和复杂。同一个人在不同的作品中可能会展现出截然不同的身体节奏和音乐风格，而同一首作品也可以因为不同的身体演绎而呈现出多种节奏形式。这种灵活性和多样性使得音乐创作与演绎更加丰富多彩，也为观众提供了更多的选择和想象空间。

在新时代的音乐中，身体不再是配角或工具，而是成为主角和核心。通过舞蹈、动作等方式，身体与音乐紧密结合，共同创造出独特而富有感染力的艺术效果。这种身体与音乐的交融不仅丰富了音乐的表现力，还让音乐更加贴近人们的生活和情感。

**4. 噪音的魅力与音乐创新**

在传统的音乐观念中，噪音往往被视为"丑陋"的声音，被排除在"高级音乐"的范畴之外。但随着音乐理论的不断发展和音乐审美的多元化，人们对噪声的态度发生了转变。过去，人们倾向于认为纯八度和纯五度的和声是和谐的代表，但在如今的音乐作品中，加四度、减五度和音块等不和谐元素被广泛运用，为音乐增添了丰富的层次和独特的魅力。

尽管节奏乐器由于没有固定的音高，常常被归类为"噪音乐器"，但这并不意味着它们缺乏表现力。以黑人音乐为例，其节奏元素极其丰富且吸引人。黑人音乐的节奏并非简单地跟随关键音符或切分音，而是呈现出一种"粒状"的形态，每一个音调都蕴含着精细的时间脉冲。这种时间脉冲贯穿于音乐的始终，构成了一种深层的、不易察觉的节奏感。

在黑人音乐中，每一个演唱和演奏的部分都能融入音乐，但并非以固定的"节拍"为单位，而是以更为灵活的"脉冲点"为单位。这种"跨节奏"的现象使得音乐的节奏组合变得极其复杂多样，为音乐带来了无限的创新空间。

因此，在新时代的音乐领域，噪音不再被视为音乐的敌人，而是成为一种独特的音乐元素和表现手段。黑人音乐正是凭借独特的节奏感和创新性的音乐元素，引领着音乐（尤其是流行音乐）的发展方向，展现了噪音在音乐中的独特魅力和无限可能。

## 二、我国当代音乐教育研究存在的问题

### （一）我国当代音乐教育研究面临的挑战

在我国当代音乐教育研究的道路上，一个显著的问题是对西方音乐文化的过度崇拜和盲目追随，这种心态亟待调整。

回顾 20 世纪初，我国音乐教育界在美育的旗帜下，汇聚了众多音乐家的智慧和努力，他们传承了优秀的音乐传统，体现了对人文精神的深切关怀。但随着时代的变迁，一种"崇西"的心态在音乐教育中悄然滋生，表现为对西方音乐的过度推崇和对中国传统音乐的轻视。

我们应当清醒地认识到，尽管西方音乐在全球范围内具有广泛的影响力，但音乐教育并非单向的输入过程。在全球化的大背景下，音乐教育应当是多元文化相互交流与融合的过程。我们应该纠正过度依赖和盲目模仿西方的做法，转向一种更为开放和包容的音乐教育观。这意味着，我们需要重新审视西方音乐教育理念和教学方法的适用性，结合我国的国情和文化传统，有选择地吸收和借鉴。同时，我们更应当珍视和传承中国传统音乐的精髓，将其与现代音乐教育相结合，形成具有中国特色的音乐教育体系。

此外，从比较教育的视角来看，向西方学习并非简单地模仿和复制，而是基于国情和文化背景进行创造性的学习。通过对比中西方音乐文化传统和音乐

教育体系的异同，我们可以更深入地了解中国的音乐教育体系，从而为其发展提供更为坚实的基础和明确的方向。

因此，我国当代音乐教育研究面临的挑战在于如何平衡中西方音乐文化的交流与融合，形成具有中国特色的音乐教育体系，并推动其不断发展和完善。

### （二）专业音乐教育与普通音乐教育融合的必要性

在当前的音乐教育体系中，专业音乐教育与普通音乐教育之间的界限日益模糊。但这种融合的过程尚未完成，两者之间仍存在明显的分离状态。我们需要认识到，这种分离不仅不利于音乐教育的全面发展，还阻碍了音乐文化的传播和普及。

随着市场经济的发展，音乐学院和艺术学院纷纷开设音乐教育专业，以满足社会对音乐人才的需求。这标志着音乐教育不再局限于传统的"双轨并行"体系，而是向着更加融合、多元化的方向发展。这种变革是音乐教育适应社会发展需求的必然结果，也是音乐教育自身发展的必然趋势。

但是，专业音乐教育与普通音乐教育之间的分离状态依然存在。这种分离源于对两者特点与功能的误解和忽视。专业音乐教育注重技能和理论的训练，而普通音乐教育更注重音乐文化的普及和审美素养的培养。两者虽然各有侧重，但不应相互排斥，而应该相互促进、相互补充。

为了修复专业音乐教育与普通音乐教育之间的分离状态，我们需要采取一系列措施。首先，应加强两者之间的交流与合作，促进资源共享和优势互补。其次，应改革音乐教育体系，打破传统的"双轨并行"模式，建立更加灵活、开放的音乐教育机制。最后，应提高音乐教育者的综合素质，使其不仅具备音乐教育的能力，还具备音乐创作和表演的能力，从而更好地承担继承和发展社会音乐文化的职能。

总之，专业音乐教育与普通音乐教育的融合是音乐教育发展的必然趋势。只有实现两者的融合，才能更好地发挥音乐教育的社会文化功能，促进音乐文化的传播与普及，为社会的和谐发展作出贡献。

### （三）音乐教育学科的广度与深度需进一步拓展

随着科技的日新月异，音乐已经渗透到人类生活的方方面面，音乐教育领域也因此变得极为广泛。作为一门实践性强且与时俱进的学科，音乐教育学的研究范畴亟需进一步拓展。当前，中国对音乐教育的研究主要集中在高等教育及其他特定领域，这无疑限制了音乐教育研究的视野和深度。

从社会的实际需求出发，音乐教育不应仅局限于学校环境。事实上，社会音乐活动、大众媒体政策、特殊音乐教育和音乐治疗等领域均与音乐教育息息相关，它们为音乐教育提供了更广阔的舞台和更丰富的实践案例。但目前我们较少从音乐教育的视角关注和研究这些领域，这导致了音乐教育学科的研究视野过于狭窄。

为了适应社会发展的需求，音乐教育学科需要打破传统的研究界限，将研究触角延伸至社会的各个角落。这不仅有助于我们更全面地理解音乐教育的本质和价值，还能为音乐教育实践提供更丰富的理论支持和实践指导。

### （四）音乐教育学科的理论基石亟待加固

在中国当代音乐教育学科的发展历程中，我们不难发现一个显著的短板，即理论基础的薄弱。音乐教育学的理论基石主要包括音乐哲学和美学等基础理论，这些理论为音乐教育提供了深刻的思考和指导。但在当前的音乐教育研究中，我们往往忽视了对这些基础理论的深入探索和研究。

当我们审视国际音乐教育研究的最新趋势时，不难发现那些具有影响力的音乐教育作品往往建立在深厚的音乐哲学和美学基础上。这些作品不仅关注音乐教育的实践问题，还深入地探讨了音乐的本质、音乐与人的关系等哲学和美学问题。

### （五）音乐教育课程设置存在不足

当前，我国音乐教育在课程设置上仍面临诸多挑战，这些问题不仅限制了学生的个性化发展，还影响了他们未来适应社会的能力。以下是对这些突出问题的具体归纳：

（1）音乐教育专业的培养模式过于模仿专业音乐院校，注重专业深度而忽视专业广度。

（2）课程标准体系过于狭窄，过度强调学科的细分和整体性，导致学生的知识面不够宽广。

（3）课程设置中缺乏师范性和应用性内容，限制了学生的社会适应能力和职业发展空间。

（4）大多数学生的职业选择集中在音乐培训和音乐制作领域，但现有课程未能提供足够的支持和准备。

# 第三节　音乐教育教学的重要意义

音乐，作为人类文化中的一颗璀璨明珠，对每个人的成长都留下了深刻的印记。正如李岚清同志在《音乐·艺术·人生》中所言："音乐不仅是人类最古老、最普遍、最具感染力的艺术形式，更是我们表达情感、交流思想的重要桥梁，是精神生活中不可或缺的一部分。"①

音乐的力量是无穷的，它跨越了国界、文化和语言的障碍，触动着人们的心灵。美国当代心理学家加德纳的多元智能理论为我们重新认识音乐的价值提供了新的视角。在加德纳的理论中，音乐或节奏智能被赋予了与其他八种智能同等重要的地位，它们共同构成了人类认知世界的多维视角。

这种全新的理论观点强调音乐教育在国民教育中应占据举足轻重的地位。音乐教育不仅是教授音乐知识和技能，更是培养人的情感、审美和创造力的重要途径。通过音乐教育，我们可以更好地传承和发扬人类文化，推动社会文明的进步，也有助于人的全面发展，实现个人的价值。

---

① 李岚清. 音乐·艺术·人生［M］. 北京：高等教育出版社，2006.

因此，我们应该高度重视音乐教育在国民教育中的地位和作用，为培养更多具有全面素养的人才而努力。

# 一、音乐教育教学的多维功能

## （一）美的陶冶与提升

贝多芬曾深刻地指出："音乐是超越智慧与哲学的启示。"音乐，作为人类文化宝库中的瑰宝，不仅为我们带来心灵的宁静与愉悦，更在无形中塑造着我们的审美观念。音乐教育不仅在于技艺的传授，更在于通过对音乐作品的欣赏、分析和实践，唤醒并培养我们内在的审美感知力。让我们在音乐的海洋中畅游，感受美的力量，进而提升我们的审美境界。

## （二）道德教育与精神引领

音乐教育不仅是美的熏陶，更是道德的引导。正如荀子所言，音乐能够引导人们向善，陶冶性情。音乐教育通过旋律、节奏、情感等元素，激发学生的情感共鸣，塑造他们的道德观念，培养他们的社会责任感和人文精神。音乐以其独特的魅力，在无形中塑造着我们的精神世界，让我们在欣赏音乐的同时，也接受道德的洗礼。

## （三）创造力与智力的激发

音乐是一门抽象的艺术，它需要我们运用抽象思维去感受和表现。音乐教育通过歌唱、演奏、创作等实践活动，激发学生的创造力和想象力，培养他们的创造性思维和逻辑思维。同时，音乐教育也是智力开发的过程，它需要我们集中注意力进行记忆、想象、分析等心理活动，这些过程都有助于提高我们的智力水平。

## （四）社会交往与团队精神的塑造

音乐是一种世界性的语言，它超越了国界和文化的障碍，使我们能够跨越种族、语言和文化的隔阂，实现心灵的交流。音乐教育通过集体性的音乐活动，如合唱、合奏等，培养学生的团队协作能力和集体意识，让他们学会相互尊重、相互包容，促进人与人之间的和谐相处。这种社会交往能力是我们走向社会、融入社会的重要能力。

音乐教育的功能是多维的。它不仅能够陶冶情操、提升审美观念，还可以引导道德观念、激发创造力和智力，并培养社会交往能力和团队精神。因此，我们应高度重视音乐教育在整体教育中的重要地位和作用，充分发挥其多维功能，为培养全面发展的高素质人才贡献力量。

## 二、音乐教育教学的深远意义

### （一）增强学校的综合竞争力

音乐教育教学对于提升学校的综合实力至关重要。在建设世界一流学校的过程中，音乐教育与科学教育的结合是不可或缺的一环。这种结合不仅有助于培养具有创新精神和实践能力的高素质人才，还能形成高校独特的文化特色和学术氛围，从而在国际竞争中脱颖而出。

### （二）丰富学生的人文底蕴

音乐教育是学生人文素质教育的重要组成部分。通过对音乐作品的欣赏、分析和实践，音乐教育能够培养学生的审美情趣和人文素养，使他们在追求专业知识的同时，也具备深厚的人文底蕴和广阔的文化视野。

### （三）促进学生的全面成长

音乐教育在促进学生全面成长方面发挥着重要作用。它不仅能够培养学生的想象力和创造力，还能激发他们的理性思维和逻辑思维。通过音乐教育，学生可以学会从不同角度思考问题，拓宽知识领域，提高综合素质。

### （四）提升学生的思想境界

音乐教育对于提升学生的思想境界具有重要意义。它通过音乐作品的情感表达和审美价值，引导学生追求真、善、美，培养他们的道德情感和社会责任感。同时，音乐教育还能够培养学生艺术化的生活方式，使他们在追求物质生活的同时，也注重精神生活的丰富和充实。

综上所述，音乐教育的意义不仅在于传授音乐知识和技能，更在于培养学生的人文素质，促进他们的全面成长和提升他们的思想境界。因此，我们应该高度重视音乐教育在教育中的地位和作用，为培养更多具有创新精神和实践能力的高素质人才贡献力量。

# 第二章　音乐教育的历史与发展

迄今为止，音乐教育在全球多个国家，特别在德国、日本、美国等教育先进的国家中，已经取得了显著的研究成果和丰富的实践经验。这些国家的音乐教育模式、方法和理论为我国的音乐教育研究提供了宝贵的参考与启示。深入探讨国内外音乐教育的发展历程和规律，不仅能够加深我们对音乐教育本质的理解，还能够为我国当前及未来的音乐教育发展提供有力的指导和借鉴，从而推动我国音乐教育事业的稳健和快速发展。

## 第一节　我国音乐教育的历史发展

### 一、古代音乐教育

#### （一）夏朝：音乐教育起源

在遥远的夏朝时期，我国的历史文献中提及了一种名为"庠"的特殊场所，其本义指古代的地方学校，后泛称学校或教育事业。

当时的乐教并不等同于现代意义的音乐教育，它实际上是一个更为宽泛的概念，涵盖了音乐、诗歌、舞蹈、绘画、写字乃至天文等多个领域的教育内容。

这种教育理念与古希腊的乐教观念有异曲同工之妙。古希腊人同样认为，音乐是心灵培养的重要工具，因此，一切与心灵成长和塑造相关的学问都被视为音乐教育。这种观念在当时的中西方文明中，都体现了音乐教育在人的全面发展中的核心地位。

#### （二）商朝：音乐教育演进

商朝在取代夏朝后，历经500多年的发展，各方面均有显著的进步。在教育领域，特别是音乐教育方面，商朝呈现出与夏朝截然不同的特点。商朝出现了专门用于礼乐教学的场所，这标志着我国奴隶制教育思想与观念的重要转变。

商朝的教育类型开始展现出"多元化"的趋势，其中最为显著的是"学"字的出现。商学可以细分为"右学"和"左学"，分别代表大学和小学。文字的出现和语言能力的提升为"学"字的定型与发展提供了有力支持。在商代的甲骨卜辞中，我们可以见到多种"学"字演变的写法，这些写法透露出"学"字涵盖了教学内容、教学活动和教学场所三重含义，这正是构成"学校"的基本要素。

商朝统治者对乐教给予了极高的重视，这从他们的主要教育思想"殷人尊神"中可见一斑。乐教不仅是教育的主要内容与手段，还成为统治者巩固统治地位、宣传等级制度合法性的重要工具。歌舞作为"尊神"的主要形式，也促进了乐教的发展及其向其他领域的渗透。

### （三）周朝的音乐教育的鼎盛

到了周朝，音乐教育进入了一个新的高度。此时，更为严密的学位网络形成，教育类型的"多元化"越发显著。周朝统治者对音乐的运用相较于商朝更为深入，主要表现在以下几个方面：a 利用音乐来巩固统治地位，增强统治的权威性；b 通过音乐来宣扬等级制度的合理性，强化社会秩序；c 设立专门的音乐机构，对音乐活动进行规范和管理；d 在培养青年的"国学"中，音乐教育成为不可或缺的一部分，用以传达统治阶级的意图。

周朝统治者深刻认识到音乐的教化功能，并将其视为"国教"，赋予了前所未有的地位。周代音乐教育之所以如此繁荣，主要得益于以下几个因素：a 统治者的高度重视和大力支持；b 社会环境的稳定、经济的繁荣以及文化科技的进步，为音乐教育的发展提供了良好的土壤；c 社会意识形态的变化和审美观念的增强，使音乐教育得到了更广泛的认可和接受。

在周朝的学校中，音乐师资结构相当完备，教官和乐师都分为六类，音乐教育机构也分为职业音乐教育和学校音乐教育两大类。其中，职业音乐教育机构规模庞大，涵盖了音乐的行政、教育、表演等多个方面，并对学制、专业、学龄、学习内容等做出了明确的规定，这可以说是我国最早的音乐学校。

### （四）春秋战国：音乐教育的变革与思想争鸣

春秋战国时期，中国社会正经历着由奴隶制向封建制过渡的巨变。这一时期，人们的思想变得异常活跃，教育体制也迎来了重大变革。在众多杰出人物中，孔子以其卓越的教育思想和音乐贡献而备受瞩目。他开创了私办音乐教育的先河，系统地掌握了音乐艺术的特征，并充分发挥了音乐教育的教化功能。

在孔子的教育体系中，"乐"被置于"六艺"的次席，仅次于"礼"，这足见孔子对乐教的重视。他的"礼乐并重"教育观念对我国音乐教育事业的发展产生了深远的影响。孔子不仅拥有高尚的审美情趣，而且这种修养和情操深深影响了他的音乐教育实践及弟子们的音乐教育思想。

孔子所编纂的《诗经》成为中国音乐教育的首部教科书，是古代文化的瑰宝之一。在这本书中，孔子对音乐的各个方面进行了深刻的论述，为音乐学科的发展奠定了坚实的理论基础。

孟子在继承孔子音乐思想的基础上，提出了"与民同乐"的政治主张和音乐美学思想，进一步丰富了音乐教育的内涵。

但荀子的音乐思想开始与孔子、孟子产生分歧。荀子从人性的角度出发，否认了孟子"人之初，性本善"的观点，认为人性本恶，需要通过教育来引导向善。因此，他特别强调音乐教育的重要性，认为音乐能给人带来快乐，是教育不可或缺的一部分。他主张用"礼乐"来教育人民，这既符合自然规律，又能使人性由恶向善。

墨子则对儒家的"礼乐"思想提出了批评，主张"非乐"。他认为儒家的审美教育对君王和平民都会带来消极影响。对君王而言，"礼乐"思想可能导致他们沉溺享乐，荒废政务；对平民而言，在温饱问题尚未解决的情况下，审美教育只会增加他们的经济负担。虽然墨子的观点在当时的社会背景下显得片面和不切实际,但其敢于提出不同意见的精神也是难能可贵的。

### (五)先秦时期:音乐思想论争

先秦时期,学术氛围空前活跃,这一时期产生的审美教育思想构成了我国古代音乐思想教育的基石。儒家、墨家、道家围绕音乐审美和音乐的社会功能等问题展开了激烈的辩论。但是,由于墨家和道家的音乐思想未能契合当时社会发展的政治需求和文化意识,其影响力远不及儒家的音乐思想。

儒家音乐思想兴盛的关键在于它紧密地将音乐教育与社会现实相结合,充分发挥了音乐教育的社会功能,同时注重音乐艺术的审美特性。这种音乐教育思想为统治者提供了巩固其统治地位的理论支持,从而推动了古代音乐教育的蓬勃发展。

### (六)魏晋南北朝:音乐教育变迁

魏晋南北朝时期,社会动荡不安。由于封建割据和战争的影响,人民开始大规模迁移,这促进了不同民族和文化之间的交流与融合。在这一时期,汉族文化得到了补充,而其他民族的文化也逐步汉化。这种文化交流与融合直接影响了音乐教育的内容和形式。

在玄学、道教、佛教的影响下,儒家经学的地位逐渐下降。在官学和私学中,音乐教育几乎被忽视。但是一些有识之士另辟蹊径,在宗教领域充分发挥音乐的教育功能。这些音乐人才不仅在教学方法和原则上有所创新,还在教学内容改革方面展现出独到的见解和丰富的教学经验。

值得一提的是,在魏晋南北朝时期,中国开始与周边国家进行国际性的音乐教育交流,这是中国音乐教育事业的一大进步。这种交流不仅拓宽了音乐教育的视野,还为中国音乐注入了新的活力。

### (七)盛唐时期:音乐教育繁荣

唐太宗吸取了隋朝灭亡的教训,深刻认识到"水能载舟,亦能覆舟"的民本思想，因此采取了一系列改善民生的政策，包括加强生产、重视教育以及缓和阶级矛盾等。这些措施使得唐朝的封建文化达到了鼎盛时期，社会呈现出一派繁荣的景象。

在这一时代背景下，音乐教育也迎来了前所未有的发展机遇，取得了显著的成就，使中国的音乐艺术在世界舞台上崭露头角。

唐代有四大音乐教育机构，各具特色，对音乐教育的发展产生了深远影响。

1. 太乐署

这个机构虽然是行政管理单位，但其核心职能在于音乐教育。太乐署设有博士和助教，招收学员，并提供严格的职业教育。学员需经历多轮考试，合格者将获得官职，不合格者则面临降职或改学的命运。太乐署的规章制度严密，教学内容专业，是我国古代音乐教育专业化的重要体现。

2. 教坊

教坊是负责音乐和舞蹈教学的机构，承担着繁重的教学任务。它不仅提供教学服务，还为学生安排演出机会，使他们在实践中锻炼技能。教坊的教学管理制度与太乐署相似，学生需要通过业务考核来划分等级。

3. 梨园

梨园是为培养和选拔音乐人才而设立的机构，分为内廷和宫外两部分。内廷梨园主要由唐玄宗亲自教授法曲，培养出许多杰出的音乐家，为唐朝音乐事业的繁荣作出了巨大贡献。

4. 小部音声

这是唐玄宗倡导设立的音乐"少幼班"，旨在为幼儿提供早期音乐启蒙教育。这一举措不仅满足了统治者的需求，还为音乐事业的持续发展提供了人才基础，形成了较为完整的音乐教育体系。在当时乃至全球的音乐教育，这种针对幼儿的早期音乐教育尝试都是十分罕见的。

## （八）宋元：音乐教育的继承与发展

宋元时期的音乐教育基本延续了唐朝的传统模式，没有出现显著的创新。

但宋代在继承唐朝音乐教育和表演机构的基础上，对乐律理论进行了更为深入的研究，增加了音乐书谱的发行量，提高了乐器制造的技术水平。这些举措有力地推动了我国音乐教育事业向科学化、系统化的方向发展。

### （九）明清：音乐教育的衰落

进入明清时期，由于社会动荡和文化趋向保守，音乐教育开始显现出弊端，甚至一度陷入停滞状态。与唐宋时期的繁荣相比，明清两代的音乐教育明显下滑。统治者对音乐事业进行了严格的限制，不断削弱学校音乐教育的教学内容，使得音乐教育在教育体系中的地位大幅下降。虽然有少数学者和教育家试图对音乐审美教育提出自己的见解与主张，但在整体音乐思想方面，并没有取得显著的进步。

纵观我国古代音乐教育的发展历程，我们可以发现，无论是在教学形式还是教学内容上，其都与近现代音乐教育有着显著的不同。这些历史经验为我们提供了宝贵的启示，促使我们不断反思和探索，以推动现代音乐教育事业的持续发展。

## 二、近现代音乐教育概述

### （一）音乐发展的历史背景

中国近现代音乐教育的发展深受社会转型的影响，音乐教育思想也因此发生了变革，推动了音乐创作和教育的进步。

#### 1. 社会政治变革

随着西方列强的入侵，中国的政治体制和经济模式受到了巨大冲击。社会矛盾和阶级斗争的激化激发了民族自尊心与自信心，知识分子开始寻求救国的道路，这推动了音乐教育思想的变革和转型。

#### 2. 社会文化交融

西方文化的传入打破了中国传统的封闭状态，促进了新式学堂的兴起和留学教育的发展。维新运动的开展和马克思主义的传播进一步推动了教育体系的革新，音乐教育也在这一过程中得到了重视。

### 3．音乐教育的觉醒

音乐作为一种艺术形式，能够反映社会的意识形态和现象。近代中国的知识分子意识到音乐在激励人心、唤起民族意识方面的重要作用，开始创作具有时代意义的音乐作品。他们希望通过音乐教育来激励民众，为救国图强贡献力量。

## （二）旧民主主义革命时期的音乐教育

在旧民主主义革命时期，中国社会经历了巨大的变革，音乐教育在这一时期得到了显著的发展。

### 1．教育体制的革新

随着学堂教育的兴起和教育结构的调整，科举制度被废除，教学内容也得到了革新。洋务派和维新派提出了教育改革的建议，强调德、智、体全面发展，音乐作为其中的一部分得到了重视。

### 2．音乐教育家的贡献

康有为、梁启超等教育家对音乐教育给予了高度重视，他们的观点对音乐教育的发展产生了深远的影响。音乐教育家沈心工也强调音乐教育在陶冶性情、完善品格方面的重要作用。

### 3．学堂乐歌的兴起

西洋音乐和西洋教会音乐的传入促进了学堂乐歌的兴起与发展。学堂乐歌不仅使普通学校开始重视音乐教育，还对树立社会新风尚、提高国民素质、培养国民爱国思想起到了积极作用。学堂乐歌的广泛实施也促进了音乐教科书的出版和音乐教育事业的发展。

### 4．音乐教育的发展

在旧民主主义革命时期，音乐教育得到了广泛实施，音乐课程被列入国家教育计划。大量优秀的音乐教育家涌现，他们通过创作和教学活动为音乐教育事业的发展作出了重要贡献。同时，一系列教育法规的颁布也为音乐教育的发展提供了制度保障。

### （三）新民主主义革命时期的音乐教育

自 1919 年五四运动以来，中国的革命斗争进入了一个新的纪元。政治、经济和文化的蓬勃发展为音乐教育带来了前所未有的机遇。这一时期，教育界涌现出了一位杰出的思想家和教育家——蔡元培先生。他提出的"五育并举""以美育代宗教"等理论，不仅深化了人们对音乐教育功能的认识，还为音乐教育的发展指明了方向。

蔡元培先生认为，美育是自由的，能够解放人们的思想和精神，打破宗教的束缚，推动社会的进步。他主张通过美育来培养国民的审美情趣和道德情操，进而实现国家的繁荣和富强。这种审美思想在当时的社会引起了广泛共鸣，对音乐教育的发展产生了深远的影响。

在新民主主义革命时期，音乐教育的发展经历了几个重要阶段。最初，随着一批音乐社团的成立，音乐教育开始走向社会化和专业化。这些社团不仅传授音乐知识和技能，还积极参与社会活动，倡导美育，推动了音乐教育的发展。同时，一些高等学府和教会学校也开始设立音乐学科，引进西方音乐教育体制，为音乐教育的发展注入了新的活力。

1923 年，中华民国教育部颁布的《新学制课程标准纲要》正式将音乐课纳入学校教育体系，标志着音乐教育在学校教育中得到了正式认可。此后，教育部多次调整音乐课程设置和课时，探索适合中国国情的音乐教育模式。

1927 年至 1929 年，中国自办的第一所体制完备的音乐院校成立，并开设了师范科，为音乐教育培养了专业师资。此后，一些音乐教育专业陆续出现，为音乐教育的发展提供了有力支持。

20 世纪 30 年代，随着抗日救亡运动的兴起，音乐教育开始与政治紧密结合。许多音乐家和音乐工作者创作了大量抗战主题的歌曲与歌剧作品，通过音乐教育激发人民群众的爱国热情和斗志。同时，音乐教育委员会和中小学音乐教材编订委员会的成立，也为音乐教育的发展提供了制度保障。

在延安市鲁迅艺术学校成立之后，音乐教育在革命根据地得到了进一步发展。该学校秉承"理论联系实际"的教育方针，培养了大量抗战所需的音乐干部，并创作了许多歌颂革命的歌曲和歌剧作品。这些作品不仅鼓舞了人民群众的斗志，还为音乐教育事业的发展作出了重要贡献。

在国民党统治区，音乐教育取得了一定程度的发展。一批新的专业音乐教育机构建立，原有的音乐教育单位得到了调整、充实和合并。同时，以研讨音乐教育为中心的刊物《乐风》的出版，也为音乐教育的发展提供了交流平台。

总的来说，新民主主义革命时期的音乐教育在政治、经济和文化的发展中取得了显著进步。通过一批杰出思想家的引领和教育实践者的努力，音乐教育逐渐走向专业化、社会化和政治化，为中国的文化事业和革命事业作出了重要贡献。

在这充满变革的三十年间，我国的小型声乐体裁作品展现出了显著的进步与繁荣。这一成就，主要得益于我国现代音乐文化在音乐教育及群众性歌咏活动中的蓬勃发展。在这一进程中，萧友梅、赵元任、黄自、黎锦晖等音乐先驱发挥了至关重要的作用。他们不仅创作了众多高质量、适合学校教育的音乐作品和教材，还使这些作品成为跨越时代、深受学生喜爱的经典。尤其值得一提的是，他们创作的歌舞剧不仅在校园里广受欢迎，更逐渐融入社会，成为成年人文化生活的重要组成部分。

此外，当时发表的一系列音乐理论著作、论文和译作，也为学校音乐教育的发展提供了坚实的理论支撑。这些作品不仅提升了音乐教育工作者的理论水平，还极大地提高了他们的实际教学能力。

音乐社团和师范音乐教育是我国专业音乐教育发展的两大基石。自辛亥革命以来，随着音乐教育的迅速崛起，社会对音乐专业人才的需求也日益增长，这促使了专业音乐文化学校的建立与发展。这些学校的设立不仅为我国音乐事业的繁荣培养了大量人才，还推动了音乐文化的普及与提升，也为我国音乐文化的传承与创新奠定了坚实基础。

### （四）近代音乐教育的发展

随着近代社会思想的激荡，越来越多的知识分子开始认识到音乐教育对于国家振兴的重要性。他们将音乐作为媒介，传播知识，振奋人心，倡导全社会对音乐教育给予更多关注，希望通过音乐教育促进国家的繁荣与发展。

### 1. 学校教育体系的革新

在接触和了解西方教育体制后，许多知识分子意识到音乐教育在培养国民精神和传播新文化中的重要作用。他们开始在学校教育中引入音乐教育，开设乐歌课程，以期通过这一方式向学生传授新知识、培育新思想。1901年，清政府为挽救国运，开始兴办学堂，引入新式教育，音乐教育作为其中的重要一环得到了发展。

### 2. 美育与音乐教育的融合

受到近代西方美育思想的影响，一些知识分子开始关注美育教育对于国民性格和精神面貌的塑造作用。他们认为，美育教育能够提升国民的审美情趣，培养国民健康向上的精神风貌。著名学者王国维等人极力倡导美育和音乐教育，强调音乐教育在美育中的核心地位，并提倡通过音乐教育来表达爱国主义情怀，激发国民的爱国热情。

### 3. 学堂乐歌的繁荣

学堂乐歌的兴起标志着中国近代音乐教育进入了新的发展阶段。这一时期的音乐家们积极借鉴西方音乐教育经验，结合中国优秀传统文化，创作了大量具有时代特色的乐歌作品。学堂乐歌不仅在学校教育中得到广泛应用，还通过音乐讲习会、音乐论文发表、音乐学刊创办等多种形式，向社会广泛传播音乐文化。学堂乐歌的繁荣为中国音乐注入了新的活力，也为中国音乐教育的发展奠定了坚实基础。

这一时期，许多音乐家如萧友梅等人，为推广学堂乐歌、普及音乐教育作出了巨大贡献。他们通过创作和演出，向广大人民群众传播了爱国主义精神和新文化思想，为中国音乐事业的发展作出了重要贡献。

## （五）近代音乐教育：从守旧到创新的华丽转身

### 1. 跨越历史障碍，迈向新时代音乐

在历史的长河中，音乐作为一种文化表现形式，常常承载着时代的印记。

但在封建保守思想的束缚下，我国的传统音乐模式长期停滞不前，难以满足社会日益增长的审美需求。面对这一困境，一些具有远见卓识的知识分子开始反思并寻求变革。他们认识到，只有打破传统的桎梏，引入先进的音乐理念和教育模式，才能使我国的音乐教育焕发新的生机。

在这一背景下，洋式、新式学堂如雨后春笋般涌现，成为我国近代音乐教育转型的重要标志。这些学堂借鉴了西方音乐教育的先进经验，引入了新的教学理念和方法，为我国音乐教育的革新奠定了坚实的基础。

2．新时代乐章的奏响

随着社会的不断发展，音乐被赋予了新的历史使命和价值意义。传统的音乐教育往往局限于宫廷和贵族阶层，广大人民群众则难以接触到优质的音乐教育资源。但在与西方音乐文化的交流中，人们逐渐意识到我国传统音乐教育的局限性，并开始探索全新的音乐教育模式。

学堂乐歌的兴起正是这一探索的杰出成果。它代表了全新的审美观念和教育理念，将音乐教育与学校教育紧密结合，为广大人民群众提供了接触和学习音乐的机会。学堂乐歌的流行不仅丰富了人们的文化生活，还推动了我国音乐教育的普及和发展。

3．音乐文化的华丽转身

在社会制度的变革和教育体制的改革推动下，音乐文化实现了华丽的转身。传统的音乐教育往往服务于统治者或贵族阶层，而近代音乐教育更加注重服务于广大人民群众。这一转变体现了社会的进步和教育的普及化趋势。

在与西方音乐文化的交流中，我国音乐文化实现了与西方音乐的融合。通过借鉴西方音乐文化中的优秀元素，我国音乐家开始探索具有中国特色的音乐体系。这种融合不仅丰富了我国音乐文化的内涵，还提高了我国音乐教育的质量和水平。

4．多元化发展，走向世界舞台

在近代音乐教育的转型过程中，我国音乐界开始探索多元化的发展道路。在保留本国音乐文化特色的基础上，积极借鉴西方音乐文化中的优秀元素，形成了独具特色的音乐风格。这种多元化的探索不仅丰富了我国音乐文化的表现形式，还提高了我国音乐在国际上的影响力。

许多音乐人才开始走出国门，走向世界舞台。他们和各国的音乐家进行交流与合作，将我国的音乐文化推向世界。同时，他们也将西方音乐文化中的优秀元素引入我国，为我国音乐的发展注入了新的活力。这种双向的交流与合作，促进了我国音乐文化的繁荣与发展。

总的来说，近代音乐教育的转型是我国音乐教育史上的重要里程碑。通过打破传统束缚、引入先进理念、实现文化融合和多元化发展，我国的音乐教育逐渐走向正规化和系统化。这一转型不仅为我国音乐文化的繁荣与发展奠定了坚实基础，还为我国音乐教育的未来发展指明了方向。

## 三、当代音乐教育的崭新篇章

随着中华人民共和国的成立，我国的音乐教育迎来了崭新的发展机遇，取得了历史性的进步与显著成就。在新的时代背景下，音乐教育逐渐走向现代化与民族化，构建了一个独具特色的中国特色社会主义音乐教育体系。这一过程与国家的经济建设、改革开放的步伐紧密相连，共同塑造了中国音乐教育的崭新面貌。

### （一）第一阶段：音乐教育的初步探索与确立

在中华人民共和国成立之初，我国面临着政治、经济、文化、教育等多方面的重大变革。在这一阶段，音乐教育作为国家文化建设的重要组成部分，经历了从旧到新的转变。政府通过改革旧教育体制，颁布新的教育政策和法规，正式确立了美育和音乐教育在全面发展教育中的重要地位，使音乐教育逐渐步入正轨。

为了培养足够的音乐师资力量，政府高度重视师范音乐教育的发展。1952年，中华人民共和国教育部（简称教育部）明确将音乐课列为中小学的必修课，并制定了全面发展的教育方针，旨在通过音乐教育培养学生的审美观念和艺术创造力。同时，为了解决师资短缺问题，国家在全国范围内的高等师范院校中设立了音乐系，为培养专业的音乐教育人才提供了有力保障。

1956年，教育部颁布了初中音乐教学大纲，明确了音乐教学的目的和要求。这一大纲不仅强调了学生对音乐的深入理解和感受，还注重通过音乐活动培养学生的艺术表达能力和团队协作能力。此外，政府还积极推动课外音乐活动的发展，使其成为音乐教育的重要组成部分，为学生提供了更广阔的音乐学习和展示平台。

在这一阶段，我国还积极学习苏联的音乐教育经验，引进其先进的教育理念和教学方法。通过翻译出版苏联音乐教育理论著作、派遣学生留学苏联、聘请苏联专家讲学等方式，我国音乐教育界汲取了丰富的营养，为自身的发展提供了有力支持。

值得注意的是，这一时期的音乐教育与社会政治活动紧密相连，成为鼓舞群众、宣传政策的重要工具。这种特点的形成既是对学堂乐歌和救亡歌咏等优良传统的继承，也是适应当时社会政治需求的必然结果。通过音乐教育，人们可以更加深刻地理解与认同国家的政治目标和发展方向，为社会主义建设贡献自己的力量。

总的来说，这一阶段的音乐教育在政府的引导和支持下取得了显著成就，为我国今后音乐教育事业的发展奠定了坚实的基础。随着时代的进步和社会的发展，我国音乐教育将继续走向现代化和民族化，为培养更多优秀的音乐人才、推动文化繁荣和社会进步做出更大的贡献。

### （二）第二阶段：音乐教育的波折

从1966年到十一届三中全会召开之前的十几年，是中国音乐教育发展历程中的一个特殊而曲折的阶段。在这一时期，由于多重因素的影响，音乐教育与其他文化教育一样，进入了停滞期。

在这一背景下，音乐课时被大幅削减，甚至在一些地区和学校，音乐教育被完全取消。这导致了音乐教育资源的严重浪费和流失，许多有音乐天赋和兴趣的学生失去了接受正规音乐教育的机会。

值得一提的是，"样板戏"的推广成为这一时期音乐教育的一个特殊现象。

从客观上说，"样板戏"对音乐民族化进行了一定的宣传。

总的来说，这一时期的音乐教育遭受了严重的挫折和打击，音乐教育的价值与意义被严重低估和忽视。但也正是在这样的背景下，一些有识之士开始反思和探索音乐教育的正确方向，为后来的音乐教育改革和发展奠定了基础。

### （三）第三阶段：音乐教育的复苏与繁荣

这一阶段主要是指改革开放以后，音乐教育事业逐渐复苏，并完成了从低谷到繁荣的转变。主要表现在以下四个方面。

1. 音乐教育地位的显著回升与音乐教育的全面发展

随着改革开放的深入发展，以及解放思想和实事求是方针的贯彻，美育重新回到了人们的视野，并逐渐受到社会各界的重视。政府开始认识到艺术课程对学生全面发展的重要性，并频繁召开专题会议，探讨和研究艺术教育的相关问题。

1981年初，中国人民共和国文化部（现中华人民共和国文化和旅游部）联合教育部发布了关于艺术教育事业发展的指导性意见，明确提出要重视普通教育中的美育，并加强对专门艺术人才的培养。这一政策导向为音乐教育的复苏和发展奠定了基础。

1985年，在中国音乐家协会第四次会员代表大会上，近四十位音乐教育界代表联名呼吁加强学校音乐教育，他们针对音乐教育落后的问题提出了具体建议。这一呼吁迅速在社会上引起了强烈反响，引发了社会各界对学校音乐教育的关注。

1986年，中华人民共和国国务院（简称国务院）进一步强调了德、智、体、美全面发展的教育方针，特别指出，要加强音乐、美术、体育等学科的教育。同年，全国人民代表大会将音乐教育正式纳入国家教育方针，确立了音乐教育在学校教育中的重要地位。

自此，音乐教育正式回归学校教育的大家庭，并以其独特的价值占据了一席之地。为了加强对艺术教育的领导和管理，1986年，中华人民共和国国家教育委员会（现中华人民共和国教育部）成立了直属艺术教育处（现教育部艺术教育委员会），由音乐领域的专家、学者、教师和研究人员组成。这一机构的成立标志着我国音乐教育管理进入了专业化、系统化的新阶段。

1989年，国家教委对艺术教育管理机构进行了调整，设立了社会科学研究与艺术教育司（现社会科学司），并发布了一系列加强学校艺术教育的文件。同时，国家教委还创办了一系列音乐教育刊物，为学校艺术教育提供了重要的指导和支持。

在国家教委的引领下，各地教育部门也加强了对学校艺术教育的管理，建立了健全的艺术教育管理体制。各级行政部门纷纷设立专门的艺术教育管理机构或配备专职管理人员，有的省市还成立了艺术教育委员会，形成了全国范围内多层次的艺术教育管理网络。

此外，中国音乐家协会、中国教育学会音乐教育专业委员会、音乐教育委员会也积极发挥作用，多次召开研讨会，研究和探讨音乐教育的改革与发展问题，为音乐教育的不断进步提供了有力的支持和指导。

总的来说，改革开放后，音乐教育的地位得到了显著提升，实现了从低谷到繁荣的转变，为我国音乐教育事业的发展奠定了坚实的基础。

**2．音乐教育的繁荣与发展**

（1）普通学校艺术教育的蓬勃发展。自1986年高等学校音乐教育学会成立以来，我国普通学校的艺术教育领域迎来了崭新的发展局面。以往以理工科为主的高校也认识到音乐教育的重要性，纷纷开设音乐讲座和音乐选修课。这些课程不仅丰富了学生的课余生活，还在无形中促进了精神文明建设。音乐作为一种艺术形式，其独特的魅力使得这些课程深受学生喜爱，成为日常生活中不可或缺的一部分。

如今，我国大部分院校都开展丰富多彩的艺术社团活动，并定期举办各类艺术讲座。这些活动不仅为学生提供了展示自我才华的平台，还让他们有机会接触到更广泛的艺术领域。

（2）师范院校艺术教育的迅速崛起。在我国，师范院校一直是培养教育人才的重要基地，而师范院校的艺术教育也迅速崛起。师范类艺术院校不仅为学生提供了系统的艺术教育和专业培训，还为我国艺术教育领域输送了大量人才。

与此同时，我国师范院校艺术教育的发展也呈现出多层次、多渠道、多形式的办学特点。除了传统的音乐专业班外，一些院校还增设了音乐加强班，以满足不同学生的需求。此外，音乐教育专业自学考试的举办也为那些有志于从事音乐教育工作的人提供了更多的学习机会。这些举措不仅有利于提升高等师范音乐教育的办学质量，还加快了对音乐师资的培养和培训进程，为我国艺术教育事业的蓬勃发展奠定了坚实的基础。

3. 音乐教育理论和实践研究的深化与拓展

20世纪80年代，音乐教育领域的理论研究和实践探索迎来了空前的热潮。为了满足这一需求，全国范围内相继建立了多个音乐教育理论与实践研究机构，这些研究机构的成立标志着我国音乐教育研究进入了一个崭新的阶段。这些研究机构旨在推动中央和地方的音乐教育理论研究工作不断深入，为音乐教育实践提供有力的理论支撑。

这些研究机构不仅致力于音乐教育学的深入研究，还广泛涉猎了音乐教育心理学、音乐比较心理学以及音乐学习能力等多个领域。通过系统的研究和探索，它们形成了一系列具有创新性和实用性的研究成果。这些成果不仅丰富了音乐教育的理论体系，还为音乐教育实践提供了宝贵的经验和指导。

同时，这些研究机构还积极出版和发表一系列音乐教育方面的著作与论文。这些出版物不仅涵盖了音乐教育的各个方面，还深入探讨了音乐教育与学生发展、音乐教育与社会文化等热点问题。这些研究成果的发表，不仅为音乐教育领域的研究者提供了丰富的参考和借鉴，还引起了社会各界对音乐教育的广泛关注。

在音乐教育理论和实践研究的深化与拓展过程中，一些研究成果已经取得了显著成效。这些研究不仅为我们深入理解音乐教育的本质和价值提供了新的视角，而且为音乐教育实践提供了更加科学、有效的指导。未来，随着音乐教育研究的不断深入和拓展，我国的音乐教育事业将迎来更加美好的发展前景。

### 4. 音乐教育发展方向的清晰明确化与强化

自 1988 年以来，国家教委针对艺术教育的发展问题，特别是音乐教育，采取了一系列有力的措施。这些措施不仅体现了国家对艺术教育的高度重视，而且为音乐教育指明了发展方向。

为了强调全社会对艺术教育的重视，特别是在校生艺术教育的重要性，国家教委连续发布了关于少年儿童及高校艺术教育的指导文件。这些文件明确指出，音乐教育作为艺术教育的重要组成部分，必须在普通教学计划中占据一席之地，音乐选修课成为不可或缺的一环。此外，文件还强调了艺术教育与文化部门的紧密合作，强调应从儿童阶段开始培养，需要得到社会力量的广泛支持。这一举措预示着音乐教育将在全社会范围内得到更广泛的关注和推动。

为了进一步推动学校艺术教育的规范化发展，1989 年国家教委颁布了《全国学校艺术教育总体规划（1989—2000 年）》。该规划详细规定了学校艺术教育的教学目标、教学任务以及在教学管理、师资、设备、科研等方面的要求，为学校艺术教育的发展提供了明确的方向和依据。随着这一规划的贯彻实施，我国艺术教育的状况得到了极大的改善，并取得了显著的成效。

1993 年，中共中央、国务院颁布的《中国教育改革和发展纲要》（以下简称《纲要》）进一步强调了美育在全面发展人才中的重要性。《纲要》明确指出，美育对于培养学生高尚的道德情操、健康的审美观和强大的审美能力具有至关重要的作用。因此，各级各类学校必须提高对美育的认识，并结合自身实际情况开展美育活动，以充分发挥美育在教育教学中的积极作用。这一《纲要》首次在国家教育法规中以专条形式对美育的地位和作用进行了论述，为音乐教育新局面的开创提供了重要的政策保障。

1994 年，国家教委发布公告，要求在普通高中开设"音乐欣赏课"，结束了我国四十多年高中未开设音乐课的历史。这一举措标志着音乐教育在高中阶段的普及与加强，为学生提供了更广阔的艺术视野和更丰富的审美体验。

为了进一步推动音乐师范教育的发展，1995 年国家教委发布了《关于发展与改革艺术师范教育的若干意见》。该意见对音乐师范学院的教学指导思想、人才培养目标以及办学效益等方面提出了明确要求，并阐述了音乐师范教育教学体系建立的基本思路和具体要求。这些措施的实施，为音乐师范教育的发展提供了有力的政策支持和指导。

1996 年，国家教委发布了《关于加强全国普通高等学校艺术教育的意见》，全面总结和概括了这一时期所颁布的艺术教育文件，并作为具体实施方案，认真落实了中央领导的指示精神，对音乐教育方面的方针政策进行了进一步贯彻和执行。该意见的发布进一步强调了学校艺术教育的重要性，并为学校艺术教育的发展提供了更加明确的指导和支持。

1997 年，为了加强高等学校的音乐教育，相关领导组织了与优秀音乐家的座谈会。这次座谈会的召开，不仅是对党的教育方针的全面贯彻和落实，还是对提升知识分子整体素质问题的深入探讨。同时，座谈会还就高校是否应普及交响乐等问题进行了深入的讨论，进一步推动了音乐教育的改革与发展。

同年，在北京人民大会堂，为被评为全国优秀音乐、美术教师召开了表彰大会。这是中华人民共和国成立以来第一次在人民大会堂进行公开表彰，充分展示了艺术教育在我国教育中的重要地位。这次表彰大会的举办，不仅体现了国家对艺术教育工作的肯定和支持，而且激励了广大艺术教育工作者为艺术教育事业的发展贡献自己的力量。

从促进我国艺术教育事业发展的角度来看，国家教委对艺术教育专家讲学团的组建以及对艺术教师的培训，无疑是非常及时且具有历史性意义的。这些举措的实施不仅提升了艺术教育师资队伍的整体素质，而且为艺术教育事业的持续发展提供了有力的保障。

1999 年，第三次全国教育工作会议的隆重召开，是中共中央、国务院经过深思熟虑后全面部署教育事业发展的关键举措。此次会议的目的和意义深远而重大。

首先，会议旨在动员全党同志和全国人民共同关注并投入教育事业，凝聚全社会的智慧和力量，为培养高素质、创新型人才而努力奋斗。会议将提高全民族的素质和创新能力置于重要的战略地位，这是对未来发展方向的清晰定位，也是对我国教育事业发展的深刻洞察。

其次，会议对教育体制和教育结构的改革提出了进一步深化的要求。这意味着我国的教育事业将不断适应时代发展的需要，进行必要的调整和优化，以更好地服务国家的发展和人民的福祉。

尤为重要的是，会议明确提出要全面推进素质教育，振兴教育事业，实施科教兴国战略。这是对我国教育事业发展的全面规划和战略部署，也是对未来教育发展方向的明确指引。为此，中共中央、国务院颁布了相关决定，强调德、智、体、美四种教育在教育活动中的有机统一，这也是实施素质教育的关键环节。

这一决定不仅强调了智育的重要性，还提出了对德育的深入要求，并强调体育、美育和劳动技术教育在学生全面发展中的重要作用。同时，鼓励学生多参与社会实践活动，以实现各种教育形式的相互渗透和协调发展。这样的教育理念和教育方式，无疑为我国教育事业的发展注入了新的活力和动力。

这一决定的颁布标志着我国教育方针和教育观念的重大变革与进步。美育正式成为国家教育方针的一部分，这不仅是对我国教育事业发展的重大贡献，而且是对音乐教育在学校教育中地位提升的历史性肯定。这一举措的实施不仅提高了音乐教育的地位，还为其在学校全面发展教育中的重要作用提供了法律保障。

回顾中国当代音乐教育的发展历程，虽然经历了曲折和困难，但其地位的提升是空前的。音乐教育凭借其独特的魅力和不可替代的作用，在学校教育中占据了越来越重要的地位。同时，美育在学校教育及教学成果方面取得的辉煌成绩，也充分证明了其在学校教育中的重要性和价值。

展望未来，美育将以全新的姿态迎接新时代的挑战和机遇。我们坚信，在全社会的共同努力下，我国的教育事业将不断取得新的进展和成就，为国家的繁荣富强和人民的幸福安康做出更大的贡献。

# 第二节　国外音乐教育的历史发展

## 一、欧洲古代音乐教育的黄金时代

回溯欧洲音乐教育的历史长河，不难发现，其深厚而悠久的传统可追溯到遥远的古希腊时代。特别是在公元前八世纪至公元前六世纪的古希腊城邦，音乐教育已成为培养全面人才不可或缺的一环。其中，斯巴达作为古希腊的重要城邦之一，以其独特的音乐教育体系而闻名。

斯巴达的教育体系旨在培养既身体强壮又具备文化修养的战士和"管家"。为了达到这一目标，斯巴达建立了特殊的学校体系，不仅教授孩子们文化知识，还通过音乐教育培养他们的民族精神和道德品质。音乐教育在斯巴达与军事训练和宗教舞蹈紧密相连，共同塑造了斯巴达人节制、有修养、服从和守纪的民族特性。

斯巴达的音乐教育形式丰富多彩，舞蹈和合唱为主要表现手段。他们通过朴素自然的音乐和舞蹈节奏，生动再现战斗场景和角力运动，既体现了对战争的崇拜，也展现了对崇高道德品质的赞美。斯巴达男孩从小开始接受音乐教育，在专门的"弦琴学校"中学习演奏乐器、唱歌和吟唱《荷马史诗》。他们不仅要掌握音乐技能，还要学会用乐器为诗歌伴奏，这种全面的音乐教育为斯巴达的文化繁荣和民族精神的传承奠定了坚实的基础。

在古希腊时期，人们对音乐的理解超越了简单的艺术范畴，赋予了它更广泛的社会和文化意义。音乐教育在古希腊得到了前所未有的发展，形成了独特的"新教育"体系。在这一体系中，音乐教育被视为与体育、算术、几何、天文和乐理同等重要的学科。伟大的哲学家柏拉图更是将音乐教育视为教育的核心，他认为音乐教育能够塑造人的灵魂，使人具备崇高的精神追求和审美能力。柏拉图的音乐教育思想深深影响了后世的欧洲音乐教育，为美育的实施奠定了坚实的理论基础。

亚里士多德，作为柏拉图的学生以及西方美学思想的重要源头之一，也对音乐教育提出了独到的见解。他认为音乐具有改变人品质的力量，对培养下一代具有不可估量的作用。他提出的关于音乐教育的细节问题和设想，为欧洲早期音乐教育的发展提供了宝贵的指导，其音乐思想也成为实施美育的基础理论之一。

总体而言，欧洲古代音乐教育的发展充满了丰富的历史内涵和深厚的文化底蕴。从斯巴达的"弦琴学校"到古希腊的"新教育"体系，再到柏拉图和亚里士多德等伟大思想家的音乐教育思想，这些都为后世的音乐教育发展提供了宝贵的经验和启示。这些历史经验不仅丰富了欧洲音乐文化的内涵，而且为全球音乐教育的发展提供了重要的借鉴和参考。

## 二、欧洲中世纪至文艺复兴时期的音乐教育演进

在欧洲中世纪，教育体系的核心是"七种自由艺术"，简称"七艺"，其中音乐作为不可或缺的一部分，不仅贯穿于高等教育，深深植根于初等、中等教育之中。这一时期的音乐教育不仅得到了传承，更在一定程度上取得了显著的发展。

在中世纪早期，音乐教育主要服务于宗教。为了培养能够演唱圣歌的歌者，罗马设立了专门的学校，这些学校被视为欧洲音乐史上最早的专业化音乐学校。这些学校不仅为教会培养了音乐人才，而且为音乐教育的发展奠定了基础。

到了六世纪末期，格里高利一世对传统的圣歌学校进行了改革，使音乐教育更加系统化。他在许多中心教堂设立了圣歌学校，并鼓励教会音乐家深入研究乐理，搜集和整理音乐作品，以实现教会歌曲的统一。这一时期的圣歌学校不仅是教会歌曲的传播媒介，更是教会音乐发展的重要场所。格里高利一世还亲自组织编写了《赞美诗唱和集》，这是欧洲音乐史上乃至整个欧洲历史上第

一部规范化的音乐教科书。它的出现对音乐教育的发展产生了深远的影响，推动了欧洲文化的进步。

到了七世纪左右，"格里高利圣歌"开始在英国、意大利北部、爱尔兰、德国、法兰西等地广泛传唱。音乐教育逐渐成为学校的正式教学内容，得到了公众的认可。

到了十三世纪以后，音乐教育的地位得到了进一步的巩固。西欧的许多学校将音乐列为"四科"之一，与几何、数学和天文并列。这一时期的音乐学校不仅教授学生吟唱圣歌的技巧，还涵盖了音乐史、乐理等方面的课程，使音乐教育更加完备化和系统化。

在文艺复兴时期，欧洲的文化和思想经历了一次重大的变革。这一变革不仅冲击了封建思想的统治地位，加速了封建教育体制的瓦解，而且为音乐教育带来了新的发展机遇。经过文艺复兴的洗礼，音乐教育的发展呈现出新的趋势：

第一，音乐教育逐渐摆脱了宗教的束缚，开始展现其独立的艺术价值。音乐不再是单纯的宗教附属品，而成为一种独立的艺术形式。

第二，音乐教育融入了更多的人文主义思潮。文艺复兴时期强调人的尊严和价值，这种思想也渗透到音乐教育中，使音乐教育更加注重人的全面发展和个性化培养。

第三，音乐教学的方式变得更加多元化和系统化。随着音乐理论的发展和教学方法的创新，音乐教学不再局限于传统的师徒传授模式，而采用了更加科学和系统的教学方法。

第四，音乐教育与科学的联系更加紧密。文艺复兴时期是科学和技术飞速发展的时期，音乐教育与科学的结合也变得更加密切。音乐理论家开始运用科学的方法研究音乐现象和规律，推动了音乐科学的发展。

总之，欧洲中世纪至文艺复兴时期的音乐教育经历了从宗教附属品到独立艺术形式的转变，从单一的教学方式到多元化、系统化的教学方法的发展。这一时期的音乐教育不仅为后世的音乐发展奠定了坚实的基础，更为整个欧洲文化的繁荣作出了重要的贡献。

# 三、国外近现代音乐教育的演变与发展

## （一）欧洲音乐教育的近现代转型

随着 1640 年英国资产阶级革命的爆发，西欧社会迎来了前所未有的变革。这场革命不仅带来了社会制度的根本改变，更极大地推动了经济的迅速发展。在这样的背景下，音乐教育也经历了从传统到现代的重大转型。

启蒙运动的兴起，尤其是卢梭等思想家的教育理念，为音乐教育的发展注入了新的活力。他们强调美育的重要性，认为音乐教育可以促进人的全面发展，特别是在儿童教育中，具有不可替代的地位。此外，他们反对宗教对艺术教育的束缚，主张艺术教育的自由发展。这些观点在当时的欧洲社会产生了深远的影响，为音乐教育的现代化奠定了理论基础。

18 世纪以后，随着欧洲社会文化的繁荣和经济的发展，音乐教育逐渐得到了社会各界的重视。各种音乐团体和表演组织的兴起使音乐成为人们生活中不可或缺的一部分。音乐教育也得到了长足的发展，越来越多的人开始接受音乐教育，音乐教育的社会地位逐渐提升。

法国资产阶级革命的爆发进一步推动了音乐教育的发展。这场革命不仅摧毁了封建制度，更为教育体制带来了根本性的变革。在这一时期，音乐教育得到了空前的重视，成为学校教育不可或缺的一部分。革命歌曲作为宣传启蒙思想和反对封建制度的重要工具，得到了广泛传播和演唱，极大地推动了音乐教育的发展。

随着音乐教育体系的不断完善，音乐学院在欧洲各国相继建立。这些学院为音乐教育提供了专业的师资和教学资源，使音乐教育更加系统化和专业化。同时，各国政府也加大了对音乐教育的投入和支持，使音乐教育得到了更加广泛的发展。

德国作为欧洲音乐教育的重镇，在音乐教育方面的发展具有举足轻重的地位。德国不仅是较早实行义务教育的国家之一，还是音乐教育制度的重要推动者。其音乐教育体系以"大众音乐教育"为宗旨，强调民歌的学习和传承。在 19 世纪末和 20 世纪初，德国对音乐教育进行了深入的改革和创新，使音乐教育在学校教育中的地位得到了极大的提升。

第二次世界大战以后，欧洲的音乐教育进入了一个新的发展阶段。各国对音乐教育的重视程度日益提升，纷纷加大投资与支持力度，促进了音乐教育的广泛普及与蓬勃发展。其中，德国的音乐教育家奥尔夫通过多年的研究和实践，形成了一套独特的音乐教育体系，对世界音乐教育的发展产生了深远的影响。

苏联的音乐教育也在第二次世界大战后得到了迅速的发展。苏联政府高度重视音乐教育的发展，将其视为培养社会主义新人的重要手段。在苏联音乐教育家卡巴列夫斯基等人的推动下，苏联的音乐教育体系得到了不断的完善和发展，为世界音乐教育的发展提供了宝贵的经验。

总之，近现代音乐教育的演变与发展是一个复杂而漫长的过程。它伴随着社会制度的变革、经济的发展、文化的繁荣以及科技的进步而不断前行。在这个过程中，音乐教育逐渐摆脱了宗教的束缚，成为一种独立的艺术形式。同时，音乐教育也更加注重人的全面发展和个性化培养，成为提升个人综合素质的重要手段之一。

## （二）美国音乐教育的崛起与繁荣

美国的音乐教育发展并非一帆风顺，它经历了三个缓慢发展的阶段：在殖民地时期，音乐教育主要局限于家庭教育和教堂环境；建国至南北战争时期，尽管社会有所变革，但音乐教育仍未获得显著进步；南北战争至第二次世界大战时期，虽然音乐教育在部分地区和学校受到了一定程度的重视，但整体而言，其发展速度仍然缓慢。

但第二次世界大战后，美国的音乐教育迎来了空前的繁荣与发展。1870年，音乐课正式被纳入教学计划，标志着音乐教育在学校教育中取得了正式地位。不久之后，哈佛大学创办了音乐系，这一举措使得其他综合性大学纷纷设立音乐学院、艺术学院和音乐科系，为音乐教育的发展提供了坚实的学科基础。

除了在教育体系中的确立，美国还创建了众多专门研究音乐教育的组织机构，这些机构致力于推动音乐教育的科学研究和专业发展。同时，社会上大批音乐社团的建立和音乐社会活动的活跃，为音乐教育提供了广阔的舞台，激发了公众对音乐的热爱和兴趣。

为了进一步推动音乐教育的发展，美国政府组织了一系列研究小组，对从幼儿园到中学的音乐教育大纲进行深入研究。这些研究小组结合本国国情和世界上最具影响力的音乐教育体系，制定了适合美国国情的音乐教育发展方向，并重新制定了教育纲要。这些改革举措强调创造力的培养，并将其付诸实践，极大地提升了音乐教育的质量和效果。

此外，由美国音乐教师共同制定的教育大纲对音乐教育的发展产生了深远的影响。这一大纲包括完整的音乐教学计划和材料，以及螺旋式上升的音乐素质培养方案，为教师提供了明确的教学指导和参考。同时，大纲还强调教师继续教育的重要性，促进了音乐教师的专业发展和教学能力的提升。

为了更好地适应新的发展需求，美国国会提议加强对艺术教育现状的调查和研究，并呼吁政府和教育界给予艺术教育更多的重视。这一提议得到了广泛的响应和支持，美国教育基金会联合学者和专家提出通过艺术教育帮助孩子走向文明的观点，并将其作为教育目标加以推进。

### （三）日本音乐教育的演变与现代化

在音乐教育体制的建立过程中，日本注重传承与发展本民族的传统音乐文化，同时以美国的教育制度为主要教学模式，形成了独具特色的音乐教育体制。为了明确音乐教育的目标和方向，日本文部省（现文部科学省）制定了音乐教育的基本目标：培养学生的音乐兴趣，提高学生的音乐感受能力、表现能力和欣赏能力，丰富学生的情感体验。

为了实现这些目标，日本文部省对学校的音乐教学内容进行了扩充和完善，新增了基础教学和创作教学两部分内容。这些教学内容不仅注重音乐理论知识的传授，还强调实践能力和创新能力的培养。同时，日本学校还开展了丰富多彩的课外音乐活动，为学生提供了更多的音乐实践机会和展示平台。

随着日本经济的飞速发展，学校的音乐教育也日益繁荣。音乐教学在师资水平和教学设备方面都有了显著的提升，为学生提供了更加优质的音乐教育资源。同时，日本还加强了和其他国家音乐教育的交流与合作，引进了国外先进的音乐教育理念和教学方法，推动了本国音乐教育的国际化发展。

对于音乐教育的发展，我们应该以史为鉴，深入研究和学习音乐教育的历史演变过程。通过对音乐教育发展历史的掌握和了解，我们可以更好地认清现实，开拓未来。同时，我们还应该借鉴其他国家的先进经验和方法，结合本国国情和特色，建设具有中国特色的社会主义音乐教育体系，为培养更多优秀的音乐人才和推动音乐文化的繁荣发展做出更大的贡献。

# 第三章 音乐教育的原理与心理学基础

作为音乐教育者，深入掌握音乐教育的核心理念是至关重要的。这些核心理念不仅为教育者的教学实践提供方向，还对学生的学习策略和方法产生深远的影响。本章将从音乐教育的哲学思考、社会视角以及心理学基础三个方面进行探讨，以期深化音乐教育者对于音乐教育核心理念的理解。

## 第一节 音乐教育的哲学原理

### 一、音乐教育背后的主要哲学观点

#### （一）理性至上主义

理性至上主义强调知识与真理的普遍性和永恒性。这一哲学观点起源于古希腊哲学家苏格拉底和柏拉图，后续的思想家，如康德、笛卡儿和黑格尔等也为其发展作出了贡献。柏拉图认为，真正的现实存在于抽象的理念之中，而非我们直接感知的物质世界。

在音乐教育中，理性至上主义者注重传授经典和永恒的音乐作品，认为这些作品代表了人类智慧和美的最高成就。他们强调教学应该有系统性和计划性，旨在培养学生的理性思维、科学精神和道德品质。理性至上主义的音乐教师倾向于选择那些具有普遍性和永恒价值的音乐内容。

#### （二）经验实证主义

经验实证主义也被称为实在主义，强调经验和观察在知识形成过程中的重要性。这一哲学观点始于柏拉图的门徒亚里士多德，代表人物包括洛克、斯宾诺莎和詹姆斯等。经验实证主义者认为，真正的知识来源于我们对物质世界的直接感知和观察。

在音乐教育中，经验实证主义者注重实际经验和感知在音乐学习中的作用。他们强调音乐学习应该与现实生活紧密相连，注重培养学生的实践能力和创新能力。经验实证主义者认为，音乐学习不仅是为了掌握音乐知识和技巧，更是为了体验音乐带来的情感和审美享受。

经验实证主义的一个分支是自然主义。自然主义者认为，自然世界是真实的、客观的，人类应该顺应自然、回归自然。在音乐教育中，自然主义者强调音乐与自然的联系，注重培养学生对自然美的感知能力和欣赏能力。他们反对过度复杂和人为的艺术形式，认为这些形式会破坏音乐的自然之美。

经验实证主义的音乐教师注重课堂教学秩序和学生行为规范。他们认为教师是教育过程中的关键角色，应该为学生树立良好的榜样。经验实证主义者强调传授实际有用的知识和技能，以帮助学生更好地适应现实生活和未来工作。

### （三）实用主义音乐教育观

实用主义音乐教育观起源于古希腊的智者学派和哲学家赫拉克利特的思想，后者主张万物流变，没有绝对不变的真理。实用主义思想在早期并未获得广泛认可，直到20世纪初才逐渐繁荣起来。

实用主义哲学在音乐教育领域的代表人物包括皮尔斯、詹姆斯和杜威等。皮尔斯强调通过实践检验真理的重要性，而詹姆斯和杜威进一步发展了这一观点，认为真理是随着时间和经验而变化的，并主张通过科学方法检验假设。

杜威是实用主义音乐教育的核心人物，他主张教育应基于社会和生活经验，强调教育的实用性和适应性。在音乐教育中，杜威认为音乐学习的目的不仅在于掌握音乐知识和技能，更在于通过音乐学习培养学生的审美能力、创造力和社交能力，以及帮助学生适应社会生活。

实用主义音乐教育观注重音乐学习的实践性和过程性。它鼓励学生通过参与音乐活动、创作音乐作品和欣赏音乐表演等方式，亲身体验音乐的魅力。同时，实用主义音乐教育观也强调音乐学习的科学性和系统性，主张通过科学方法探究音乐现象，以培养学生的逻辑思维和批判性思维。

此外，实用主义音乐教育观还注重音乐教育的社会性和个体性。它认为音乐教育不仅是学校教育的组成部分，更是社会文化的重要组成部分。音乐教育应该关注学生的个体差异和兴趣需求，尊重每个学生的独特性和创造性。同时，实用主义音乐教育观也强调音乐教育在文化传承和交流中的重要作用，主张通过音乐教育促进不同文化之间的理解和尊重。

总之，实用主义音乐教育观是一种注重实践、过程、科学性、社会性和个体性的音乐教育理念。它强调音乐教育的实用性和适应性，旨在通过音乐教育培养学生的审美能力、创造能力和社交能力，并帮助学生更好地适应社会生活。

## 二、音乐教育哲学

### （一）音乐教育审美哲学：深化内在价值与情感体验

音乐教育审美哲学深入挖掘音乐教育的内在精髓，不仅关注音乐的技术层面，更强调通过音乐的美来触动学生的情感。这些音乐是音乐家情感、理想和知觉的结晶，反映了音乐教育在审美上的哲学观念源自音乐绝对表现主义和音乐情感符号论，构建了一个以音乐审美为核心的哲学体系。

在古代，音乐教育的核心在于情感教育，旨在同步提升学习者的技术水平和情感素养。现今的音乐教育更加注重审美教育，即通过音乐来丰富学生的情感体验。音乐作为一种艺术表现形式，其价值在于能够通过情感和想象，再现和表达人们的情感理想，实现审美主体与客体的相互转化。

音乐以其特有的方式，构建了人们现实世界和精神世界中的多种音乐形象。这些形象是音乐家情感、理想和知觉的结晶，反映了音乐教育在审美上的心理体验和情感交流。随着人们不断追求和满足审美需求，他们的审美层次也在逐渐提升。音乐教育的审美哲学认为，审美教育的核心在于培养学生对事物审美品质的敏感性，而音乐教育的主要价值体现在它对学生情感的深远影响上。

审美教育强调的是音乐的内在价值，即通过培养对音响内在表现力的反应，进行感官教育。从音乐教育的审美哲学视角来看，音乐是表达自我情感的手段，这依赖于其内部结构元素的价值和表现意义。这种教育的深刻价值在于丰富人的感官体验，增强人们对音乐旋律、和声、节奏等各要素的敏感度，从而获得深刻的感官体验。

音乐内部结构元素的表现形态与人的情绪和情感状态有着密切的联系。深入探索音乐本身的内在力量和哲学价值，对于审美教育至关重要。情感属于社会属性，是心理层面的；情绪则是自然属性，与生理反应紧密相关。人们对音乐内部结构元素不同表现形态的感受，往往具有一定的共性。

例如，旋律线的升降、和声的浓淡等音乐元素的形态变化，首先与人的情绪反应相联系。这些音乐形态的变化会直接影响人体内生物电流、荷尔蒙等生理成分的变化。不同的音乐形态会引发不同的情绪波动，这种波动状态与音乐的组合形式密切相关。比如，上行旋律线因其乐音频率逐渐增高，与人们上涨的情绪状态相呼应，从而营造出激昂、紧张的音乐氛围。相反，下行旋律线因其乐音频率逐渐降低，与人们平静的情绪状态相契合，带来松弛、缓和的音乐感受。旋律线的千变万化使得音乐的情绪表达也变得复杂多样。同样地，其他音乐结构元素也与人的情绪有着类似的对应关系。

情绪是情感的外在表现。当情绪波动时，它会促使长期积累的各种情感得到共鸣并表现出来。但情感并非简单的情绪反应，而是从社会生活中不断积累起来的，并因融合了众多社会因素而呈现出多样性。尽管如此，情感与情绪的体验方向大体上是一致的。音乐蕴含了人类的丰富情感，这些情感通过创作和审美的中介形式得以表达。

　　审美教育的核心目标是培养创新意识。音乐教育的审美哲学认为，音乐教育能够让人更接近音乐的创造性本质。为了实现这一目标，必须为学生提供机会展现他们的音乐创造力，使他们在体验、探索、创造的过程中提升音乐知识水平和技能水平。教师应致力于培养学生的创造性思维，并提升音乐即兴创作在音乐教育中的地位。音乐即兴创作是一种潜意识的行为，它能够提高学生的思维能力，并极大地发挥二度创作的自由性，从而创造出最美妙的音乐。

　　在教学过程中，教师应特意留出创造空间，鼓励学生进行自由联想和即兴创作，使音乐呈现出多样化的表现形式。在创造性的情感教育中，即兴的音乐行为自然地承载了学生的情感体验。这种教学方式使师生之间的情感交流在积极、兴奋的状态下进行，有时甚至超出了二度创作的范围。面对这种情况，教师应给予鼓励和支持，而不是指责和限制，让学生的个性化情感得以自由表达。

　　从音乐行为方式的角度来看，技能教育强调充分准备的器乐表演，认为只有预先设计的音乐行为，才是成熟且完美的艺术表现；而审美教育更加重视自由抒发情感的即兴音乐行为。技能教育倾向于固化和程式化的音乐行为模式，一旦违背这种预先设定的、量化的音乐行为标准，便会被视为错误。相比之下，审美教育更注重"心器相应"和"以情带声"的理念。技能教育过分强调符合科学的演唱和演奏技巧，将音乐艺术与音乐技术等同起来；而审美教育在科学方法的基础上，更加注重学生音乐情感的表现。学生的创新意识中蕴含了丰富的个人情感，因此，激发学生的创新意识成为音乐审美教育的核心任务。

　　音乐被视为情感符号的表现。在音乐教育中，应特别关注审美和立美两个方面，它们是实现情感性审美教育的内在动力。审美和立美是相辅相成的概念，它们在创造音乐美的过程中逐渐获得提升。审美音乐教育通过不断地将音乐美作用于学生的心灵，来培养他们的音乐感受力、理解力和创造力。这种教育方式旨在引导学生接受音乐、深入音乐、创造音乐，并将音乐视为至爱。只有这样，学生才能积累并储存音乐中的情感符号记忆，从而激发他们的学习积极性，挖掘内在潜力并发挥情感在音乐传授中的最大能动力，最终获得最佳的教学效果。

此时，教学双方的情感符号融入富有表现力的音响形成了情感标识的感应或印象。尽管教学双方仍然重视音乐的知识技能，但它已不再是最重要的。师生们将更多的教学重心转移到音乐情感体验上，将音乐审美教育视为音乐教育的重要组成部分。

音乐教育是一种注重音乐实践过程的教育。学生音乐水平的提高关键在于他们参与音乐实践的过程。在这个过程中，学生在音乐教育中的主体性得到了确认，音乐潜能也得到了开发。为了让学生在实践过程中分享音乐艺术带来的感觉体验，我们必须对音乐艺术所采用的方式有更加明确的认识，这能更有效地培养他们的审美感受力。由于音乐表现形式的独特性，只有在音乐教育实践过程中，才有可能探索到学生的无限潜力。

教师应该关注学生在音乐实践过程中的感受和体验。这种感受和体验不仅依赖技术训练与外在知识的灌输，更需要学生通过亲身参与，自发、自然地获得。学生通过音乐实践不仅能够掌握音乐知识和技能，还能提高他们的艺术修养，进而形成"艺成而上，技成而下"的观念。

音乐教育绝不能脱离音乐体验，其价值体现在音乐的体验过程中。在音乐教育的实践中，我们既要体验节奏鲜明的旋律、严密的结构和丰富的和声，更要感受音乐美的艺术过程和再现音乐想象力的过程。将体验和感受的过程转化为有生命、有意义的情感状态，并汇集成鲜明的音乐形象，只有这样，音乐教育实践才能达到更高的境界。我们对音乐形式的理解越丰富，对音乐形象的体验就越鲜明，从而显现出更高境界的艺术修养。为了实现这一目标，教师应在音乐实践过程中不断提升学生感受和体验音乐的水平。在分析音乐作品时，我们不应过分细化和分割，而应注重作品的整体性，让学生从音乐的整体表现力中获得感染，从而获得更为深刻的音乐体验。这样不仅能不断挖掘学生的音乐潜力，还能帮助他们克服"技术至上"的艺匠思想。

### （二）音乐教育实践哲学的解读与拓展

音乐教育实践哲学这一理念深刻地改变了我们对音乐教育的理解。它再仅将音乐教育局限于审美层面，而拓展到了音乐的实际操作和亲身体验层面。这种哲学观点强调音乐教育中的实践元素，以及其所蕴含的丰富文化内涵与社会价值。通过这种方式，音乐教育的主客体得以完美融合，既保留了音乐审美的核心，又为其增添了更加开放和多元的维度。

进一步说，音乐教育实践哲学实际上是一种回归人性的哲学。它从人类最本真的实践出发，重新审视和评价音乐教育的真正意义。在这一理念下，音乐教育不再仅仅是传授音乐技能或知识，更重要的是通过实践培养学生的音乐性，使音乐教育真正融入学生的日常生活，赋予其更加生动和真实的人生意义。

对于音乐教育而言，要想保持长久的生命力，就必须紧密关注人的实践，回归到人的真实生活中。只有真正做到"以人为本"，从人的本性和需求出发，我们才能更深入地理解和挖掘音乐的深层文化内涵社会价值，帮助学生不断汲取艺术的精神养分，丰富其人文内涵。

埃里奥特的观点为我们提供了一个全新的视角，他认为音乐不仅是一种艺术形式，更是一种具有独特社会意义和价值追求的人类文化实践。这一观点突破了传统音乐教育仅仅关注音乐本身的局限，将其扩展到了更为广阔的生活实践和社会文化领域。

在音乐教育的内容上，我们应该注重"人、艺、文"三大核心要素。其中，"人"指的是育人，以及与其相关的道德、修养、价值观等非音乐因素；"艺"代表音乐的艺术表现手法；而"文"涵盖了音乐的人文素养和相关知识。如果音乐教育者能够以音乐教育实践哲学的视角来审视这三大内容，就更容易凸显音乐教育中的人性元素，打破传统音乐教育的界限，推动音乐教育与其他相关学科的交叉融合。

随着社会的进步和发展，我们需要警惕音乐教育出现"工艺化"的倾向，即过于注重技术和形式，而忽视其背后的人文精神。在加强对音乐本体认知的同时，我们也要坚持知识、能力和素质的全面发展，构建一个多元化、一体化的知识结构和素质体系。

为了实现音乐教育的人性化回归，我们必须强调人的实践和人性的升华。这要求我们加强基础教育，淡化过于专业化的倾向，优化教育结构，培养学生在"多能"的基础上实现"一专"。所谓音乐教育的人性回归，就是要让学生真正融入到音乐的文化、生活和社会语境中，超越单纯的技术训练，向着一个更加全面、更具人文素养的音乐人才培养方向努力。虽然这是一个艰难的过程，远比培养单一的音乐技能人才更具挑战性，但它是音乐教育实践哲学的必然要求。

在音乐教育中，"人"与"艺"是相互依存、相互促进的。人性修养不仅包括音乐相关的知识和技能，还涉及与音乐紧密相关的其他艺术形式、民族文化、社会因素以及多种素质。作为教师，我们应该致力于提高学生知识的广泛性、素质的全面性以及心理品质的健康性，确保学生在"人"与"艺"两个方面都能得到均衡的发展，从而获得更为丰富的人文素养和更高的人性境界。这样，学生不仅能够更好地适应社会，还能在某一领域展现出自己的专长和才华。

### （三）音乐教育文化哲学的解读与发展

音乐教育文化哲学，这一理念是基于"文化相对论"提出的，它深度融合了人类学和民族学的相关理论。其核心思想是每一个民族的音乐文化都拥有独特的特质和价值，不同民族的音乐文化在各自的社会中扮演着同样重要的角色。在全球范围内，各民族的音乐文化并无先进与落后之分，音乐文化的价值只具有相对性。多元音乐文化教育不仅能够增强学生的文化认同感和自我认同感，还能深刻体现音乐教育的人文性。简而言之，音乐教育的目标之一是展现人类文化的存在意义，并彰显价值的多元性和人文性。

当我们用音乐教育文化哲学的视角审视我国的音乐教育时，不难发现，当前的音乐教育呈现出一种西化的趋势。这与音乐教育文化哲学所倡导的新理念存在显著的差异。为了打破这种固有的教育模式，我们需要引导教育者和学习者不仅关注西方古典音乐的形式、心态和行为，更要重视音乐教育内容和价值的多元性，以及音乐教学行为的多样性。这意味着我们需要将音乐教育与中国传统音乐文化紧密结合，同时联系世界各民族和各种文化，并在教材中充分体现多元文化的元素。

在当今社会，世界正变得越来越小，音乐教育的文化多元性不仅是社会发展的必然趋势，还反映了音乐艺术对各种文化音乐审美的体验需求。自西方音乐传入我国以来，音乐教育逐渐呈现出西化的倾向，这使得中国传统音乐受到了巨大的冲击。目前，音乐的基础知识和技巧几乎全部源自西方，我们却逐渐遗忘了中国数千年积淀的音乐文化的独特表达方式。学习西方音乐并不意味着我们要抛弃中国传统音乐，这种做法不仅与音乐教育文化哲学尊重文化多样性的目标相悖，更与当前我国音乐教育的蓬勃发展趋势不符。

为了改变这一现状，我国音乐教育必须打破完全西化的教育模式，融合中国传统音乐知识，形成一种新型的教育模式。该模式的目标是使学生理解全球音乐文化的差异，欣赏各种文化的韵味，并探寻不同音乐文化之间的共同基础。

当前，音乐教育的首要任务是让中国音乐的"母语"重新融入音乐教育。在此基础上，我们还应结合世界各民族的音乐，形成多元文化的音乐教材，使多学科、综合性、与文化整合的音乐教育成为教学的主体内容。为实现这一目标，我们需要采取一系列措施。首先，可以将音乐人类学的概念、原则、方法和理论作为课程内容整合的框架。其次，需要尊重并了解世界多元音乐文化。再次，通过教材和教学方法的改革，建立平等多元的音乐价值观，摒弃先进与落后、高雅与低俗等二元对立的音乐价值判断。此外，应平等地使用多种民族音乐风格进行教学，并强调第一课堂的多元文化音乐教育与第二课堂、第三课堂的紧密结合。

中国音乐经过数千年的传承与演变，已经汇聚成一条多姿多彩的巨流。它蕴含了永恒而独特的自然美形式，这些形式凝固在古典、现代和未来的音乐作品中，不断展现出中国民族音乐的审美意趣、神韵风格和心理结构。

为了改善师生在中国音乐理论知识上的薄弱现状，我们需要以兼收并蓄的理念改革音乐教学内容。这意味着我们要将多元音乐引入课堂，广泛学习优秀音乐作品，从而拓展学生的音乐视野，提高他们的音乐审美能力，培养多元化的音乐感知，并增进他们对不同音乐文化的理解和尊重。为了实现这一目标，我们需要有计划地聚集一批致力于音乐教育改革的中坚力量。他们将以多元音乐的思维改变课程结构中的单一西化的教学内容，从而拓宽视野、提升视角，并优化音乐课程的结构，构建一个合理且高效的音乐课程体系。多元文化音乐教育的课程目标应致力于帮助学生从不同民族的文化视角审视本土音乐文化，从而获得更深入的自我理解；为学生提供接触和学习民族音乐文化的机会；提高学生的跨文化音乐交流能力；并帮助学生更全面地了解不同的音乐文化，从而拓宽他们的音乐视野。

# 第二节　音乐教育的社会学原理

## 一、先天论与后天论的探讨

在社会学领域，后天论占据了重要的位置。这一理论主张人的行为与知识主要是通过后天学习和经验积累获得的。换句话说，我们的行为模式在很大程度上是在与他人的交往中逐渐塑造的。当然，这并不意味着先天因素被完全忽视。实际上，即使是那些看似纯粹的生物学行为，如吃饭，也会受到文化环境的深刻影响。例如，虽然每个人都需要摄取食物，但何时吃、在哪里吃以及吃什么，却可能因文化、地域和个人习惯的不同而有所差异。

在儿童发展的问题上，先天论和后天论的争议一直存在。先天论强调遗传因素在儿童发展中的决定性作用，认为外部环境对儿童成长的影响相对较小。与此相反，后天论则坚信，在适当的条件下，任何儿童都有可能被塑造成任何类型的成年人。

值得注意的是，有些社会学家对后天论中社会环境对儿童发展的重大影响持保留态度。这一争论可以追溯到 1912 年亨利·戈达德（Henry Goddard）出版的《卡利卡克家族》一书。该书被视为先天论的经典之作，通过详细叙述卡利卡克家族两支后裔的不同命运，来论证遗传因素在人格形成中的关键作用。

尽管戈达德的著作在当时产生了一定的影响，但从现代科学的角度来看，其论证方式不够严谨。他主要依赖于单一的遗传因素来解释两支后裔之间的显著差异。但我们不难推测，这两支后裔在生活环境、教育资源和社会交往等方面也可能存在巨大的差异，这些因素共同作用于他们的成长和发展，从而形成了截然不同的后代。这也进一步强调了后天环境在儿童成长过程中的重要性。

探讨智力测验得分与遗传关联性的研究得出了一些发人深省的结论。表 3-1 列出了部分遗传关系与智商相关的研究文献。

**表 3-1 遗传关系与智商相关系数研究**

| 关系 | 研究项目个数（个） | 平均相关系数 |
| --- | --- | --- |
| 分开抚养的无亲缘儿童 | 4 | 0.01 |
| 义父义母与儿童 | 3 | 0.20 |
| 一起抚养的无亲缘儿童 | 5 | 0.24 |
| 分开抚养的亲兄弟姐妹 | 33 | 0.47 |
| 分开抚养的亲兄弟姐妹 | 36 | 0.55 |
| 祖父母与孙儿女 | 3 | 0.27 |
| 父母与子女 | 13 | 0.50 |
| 分开抚养的亲生儿 | 4 | 0.75 |
| 一起抚养的亲生儿 | 14 | 0.87 |

通过深入研究，我们可以观察到，亲属关系越紧密，智商水平就越相似，智商之间的相关性也越高。此外，通过非正式的儿童观察也发现，某些性格特征似乎具有遗传性。例如，有时孩子们会展现出他们出生前已去世的祖父的性格特质。

后天论也被称为环境决定论，其基石在于巴甫洛夫的刺激—反应理论以及约翰·华生的行为主义学说。华生曾将巴甫洛夫的理论应用于婴儿研究，他通过反复将皮毛制品与钢条撞击声结合呈现给婴儿，两个月后，这个婴儿在看到皮毛制品时，甚至只是看到一个圣诞老人的面具，都会产生惊恐的反应。如今的刺激—反应理论支持者更加谨慎，他们承认其理论在一定范围内有效，但就长期行为而言，这种方法仍需进一步研究。

在音乐才能方面，先天论与后天论的争议得以体现。先天论的支持者曾对巴赫家族进行研究。在1580年至1845年间，巴赫家族涌现出60位音乐家，其中38位取得了显著的音乐成就。但有趣的是，巴赫家族的研究同样可以作为后天论的例证。以音乐家为职业是巴赫家族的传统。著名音乐家约翰·塞巴斯蒂安·巴赫的父亲也是一位音乐家。在约翰10岁时，他的父亲去世，之后他的音乐训练由他的兄长——一位管风琴师接手。

这两种观点之间的激烈争论表明，人的行为很难单一归因于遗传因素或环境影响。实际上，遗传因素与环境因素是相互交织、共同作用的。一种较为公正的观点是，遗传因素奠定了潜在能力的基础，而环境因素在很大程度上决定了这些潜在能力如何被发掘和运用。

无论先天因素还是后天因素占据主导地位，教师的职责都是明确的，那就是"竭尽全力去教育"。即使一个孩子的父母在智力上明显出众或平庸，也无法准确预测这个孩子的潜力。研究数据所能揭示的仅仅是一种趋势或可能性，而对于某个具体的学生来说，这些结果并不一定完全适用。尽管先天论和后天论的争论对教师来说具有一定的吸引力，但这不应影响他们对学生进行教育的决心和行动。

## 二、解读音乐行为的特质

音乐，这一人类行为的产物，既是人类创新的结晶，又能满足人类的精神需求。它深受人类行为及其他多元因素的影响，是一种具有社会学意义的活动，其存在的基础是人们对某种共同的认同。值得注意的是，音乐行为并非先天赋予的，而是后天习得的，它往往融合了历代遗留下来的元素，并经过时间的洗礼逐渐演化而成。音乐拥有独特的内涵和组织结构，正是这些特质使其区别于其他声响，成为我们口中的"音乐"。

在经验丰富者的视角里，普通听众的角色是尽力去欣赏和理解音乐家所创作的音乐之美。回溯到 19 世纪，曾有一种观点在音乐家群体中颇为流行，那就是对仅仅将音乐视作一种人类行为表示反感。他们认为音乐源自一种超凡脱俗的灵感，这种观点至今仍有市场。在这些音乐家眼中，作曲家是不同寻常的存在，他们能通过某种难以言说的神秘途径，从尘世之外汲取音乐的灵感。音乐，仿佛是由先知般的天才带到这个世界的，它超越了人类日常生活的范围。

一个人对于音乐的理解，可能既不完全认同其仅仅是一种人类行为，也不完全接受那种极端的先验主义音乐观。这种态度取决于个人是将音乐视为一种普通的人类活动，还是将它看作一种非凡的、超越日常的存在。尽管音乐确实是人类创造力的产物，但它与书包、杯子或汉堡等日常物品有着本质的不同。音乐中蕴含着人的思想、情感和审美体验，这使得音乐不仅是一种人类行为，更拥有超越一般事物的独特品质。人们常常将艺术视为创造性的代表，并赋予其高于一般活动的地位。但创造性并非艺术领域的专属，它在其他人类活动中也存在。尽管音乐艺术的创作过程充满了神秘色彩，但其他人类活动同样不乏令人着迷的未知和神秘。

## 三、剖析影响音乐行为的多元因素

### （一）生物因素：音乐与生理的紧密联系

生物因素在根本上塑造了我们的音乐行为。想象一下，如果人类的声音没有高声部或低声部的区分，或者我们具备同时唱出多个声部的能力，那么音乐的构造和组织形式无疑会发生翻天覆地的变化。同样，如果我们的手指数量不是 10 个，而是更多或更少，那么乐器的设计和演奏方式也必将随之调整。这些例子清晰地展示了音乐行为是如何首先受到人体生理结构的限制的。

## （二）社会因素：音乐在社会中的多维功能

音乐在社会中扮演着多重角色，这一点已被多位学者深入论证。例如，梅里亚姆详细列举了音乐的十大社会功能，包括情绪与观点的表达、审美欣赏、沟通交流、娱乐休闲以及作为符号象征等。卡普兰则提出了音乐的八种功能，如作为认识世界的形式、个人经验的积累、集体财富的象征以及作为变化的符号标志等。霍尼格森和加斯顿也确定了音乐的功能，如仪式、音乐会表演、情绪表现、审美需求的满足等。尽管这些功能分类在某些方面存在重叠，但它们共同揭示了音乐在社会中的广泛影响。

值得注意的是，这些社会功能受到时间和地点的深刻影响。在不同的音乐表演环境中，表演者和观众的行为模式会有差异。例如，在音乐会上，表演者与观众往往展现出更为高雅和理性的态度，而在演唱会等更为随性的场合，他们则可能更多表现出兴奋和激动。此外，音乐的角色和功能还体现在社会的制度化进程中，如现代社会中众多音乐机构的设立。这些机构不仅管理和组织各类音乐活动，还在专业职能上形成了紧密的联系网络。

对于音乐教育者来说，音乐的社会功能无疑对教学产生了深远的影响。教师需要密切关注音乐的特定功能，并引导学生对这些功能有所认识。教学内容中的音乐功能将直接影响教学效果。不同类型的音乐功能要求教师采用不同的教学内容和教学方法，进而需要进行不同的心智活动和采取不同的欣赏方式。此外，教师还应充分考虑教学内容中可能存在的非音乐因素。

个人的音乐偏好在这一过程中也起到了重要作用。那些倾向于延迟满足的人可能会选择能够抑制期待的音乐作品，而追求即时满足的人可能更偏爱简洁明了的音乐。这种音乐偏好在长期的欣赏过程中会自我强化，从而形成个人独特的音乐品味。

## （三）文化因素：音乐与文化环境的交织

每个人都是在特定的文化背景下成长的，我们对政治、经济、文化等方面的观念都是后天习得的。这一过程被称为文化适应或社会化，它对于维护社会秩序至关重要。一个人的思维方式、观点和信念都深受其成长文化或亚文化环境的影响。不同文化背景的人们之间客观存在着对音乐趣味和偏好的差异，这些差异无法通过理性方法验证其正确性。

从社会角度来看，文化就是文化本身，无需进行质的评价。不同形式的艺术都有其存在的合理性，并被人们接受。同样地，不同的文化也不应被简单地评定等级高低。这就像化学家不会提出钢和纳谁是优等元素这样无意义的问题一样。当然，社会学的观点并不是考虑这类问题的唯一途径。音乐趣味的水平和兴趣程度永远存在差异，在体育、摄影和政治等领域也是如此。音乐家心目中的好音乐并不一定能被所有人欣赏和接受。如果大多数人的音乐趣味真的"提升"到了欣赏巴赫、巴托克和勃拉姆斯等作曲家的水平，那么音乐家们可能会寻找一种新的"最佳"音乐，来让大众继续攀登高峰。

### （四）技术因素：科技进步对音乐行为的影响

技术是塑造音乐行为的重要因素之一。以中国古代的八音分类法为例，这种按乐器制作材料进行分类的方式，随着乐器制作材料的不断发展和创新，逐渐显得局限。现代乐器不仅超出了这八种材料的范围，还出现了多种材料组合制成的新型乐器。同时，声乐技术的发展也极大地丰富了声乐艺术的表现力。此外，交通条件的改善为音乐的交流提供了便利，扩大了人们的音乐视野，乐谱从手抄到印刷的转变也进一步推动了音乐的传播和普及。但对音乐影响最为深远的技术进步当属现代大众传播媒体的发展，它极大地推动了音乐的大众化进程。

随着音乐的大众化发展，音乐教师需要制定相应的教学策略来适应这一变化。教师应引导学生建立不同的音乐欣赏方式，并形成多样化的欣赏行为，以提高音乐教育的质量。对于复杂且细腻的音乐作品，学生需要集中注意力进行深入的分析思维训练，并培养坚持不懈的精神；而对于流行音乐等较为轻松的音乐类型，学生则只需把握其大体轮廓，保持轻松愉悦的欣赏状态，无须高度集中注意力。在这个人们无须亲身参与就能轻松拥有音乐的时代里，音乐教育的方式也受到了深刻的影响。当今的音乐教学应更加注重培养学生的欣赏能力，并在教学中提倡"活"的音乐，以避免电子技术对人的音乐活力产生负面影响。因此，教师在音乐教育中应积极开展真正的音乐活动，以增加学生的音乐体验。

## 第三节　音乐教育对学生心理健康的影响

孔子，这位古代的教育巨匠，曾深刻指出，"兴于诗，立于礼，成于乐"①，并强调"移风易俗，莫善于乐"②，这蕴含着他对音乐教育的独到见解。他认为，音乐教育在塑造完整人格、推广道德规范以及改良社会不良习俗方面，具有无可替代的价值。《乐记》中也有类似的观点："凡音者，生于人心者也；乐者，通于伦理者也。"这句话清晰地点明了音乐的起源——人心。音乐能够深入探索并表达人的内心世界，同时，音乐的理论与伦理道德是紧密相连的。儒家学说对音乐教育的重视，进一步确认了音乐在塑造和完善人格方面的重要作用。

时光荏苒，到了近代，杰出的教育家蔡元培先生在1917年提出了"以美育代宗教"的观点，这一观点也成为其美育理论的核心。蔡元培坚信艺术教育对于塑造人格具有积极影响，他主张培养全面的人格，不仅需要技能和知识的积累，更需要审美教育的熏陶。

## 一、音乐文化对学生心理品质的浸润与提升

在普通高校中，音乐教育并非仅针对专业音乐学生，而是面向所有非音乐专业的学生，旨在为他们提供情感与审美的教育，以此促进他们人文素质和综

---

① 出自《论语·泰伯》。
② 出自《孝经》。

合品质的全面提升。这种教育并非精英化的，而是普遍且平等的，其终极目标是实现学生的全面发展。在实现这一目标的过程中，学生面临的心理健康问题成为不容忽视的阻碍，严重时可能引发校园悲剧。

音乐教育在此时发挥了其独特的价值。它通过音乐文化的渗透，潜移默化地影响着学生的心理素质，助力他们形成健全的人格，培养良好的品质，并提高心理健康水平。音乐作为一种文化形式，不仅是一种高质量的精神文化，更满足了人类深层次的心理需求和精神渴望。正因为这种需求，音乐得以不断创新和发展。

普通高校在通过音乐教育传播音乐文化方面具有得天独厚的优势。学生在接受音乐教育的过程中，实际上也在经历音乐文化的浸润。这种文化凝聚着丰富而多元的情感，既包括个人情感，也涵盖集体情感；既有时代情感，也有民族情感。在音乐课堂上，学生通过聆听和感受音乐，能够深刻体验到音乐文化的独特魅力，并在不知不觉中改善和提升自身的心理素质。

音乐教育的课程设置必须以学生为中心，致力于提升学生的审美素质和音乐修养，丰富他们的情感体验。因此，课程内容主要包括理论赏析型的音乐选修课，如中外音乐史及名曲欣赏、交响乐鉴赏等。这些课程是人类音乐文化的精华，它们不仅让学生欣赏到音乐的美，更让学生深入了解音乐的情感内涵。

音乐教育本质上是一种情感教育。因此，音乐教育所使用的音乐必须是音乐家内心真实情感的流露，是经过精神升华后的情感表达。德国哲学家黑格尔曾指出，音乐能够表现人类灵魂中各种复杂的情感，从欢乐到哀伤，从敬畏到爱，无所不包。在高校的音乐教育中，学生通过倾听和感受音乐，能够深入了解音乐家的情感世界，进而审视自己的内心，充实自己的情感。

美妙的音乐能为学生带来超越功名利禄的体验，使他们学会用同情和关爱对待他人，从而在为人处世中变得更加宽厚和真诚。例如，贝多芬的《第九交响曲》以其深刻的情感内涵和崇高的精神力量，能够让学生感受到音乐家的高尚灵魂，激发他们对友谊、和平与爱的向往。这种体验能够帮助学生建立友谊，使他们变得更加开朗、热情、友善和坦诚，进而促进独立人格的形成。

音乐家在音乐文化中扮演着重要角色，他们通过音乐作品传递情感、道德和信仰。他们的品格和精神对聆听者产生深远影响。通过学习中外音乐史，学生不仅能够了解音乐知识、熟悉音乐风格，还能从音乐家的故事中汲取智慧和力量。这些音乐家，如莫扎特、贝多芬和李斯特等，他们坚韧不拔、乐观向上的人生态度，能够激励学生在面对挫折和失败时保持积极态度，增强对挫折的承受力，形成乐观向上的心理品质。

总之，音乐文化通过音乐教育对学生的心理品质产生深远影响。它不仅能够丰富学生的情感体验，提升他们的审美素质，更能培养他们健全的人格和良好的品质，促进他们的心理健康。因此，普通高校应充分重视音乐教育，发挥其独特价值，助力学生实现全面发展。

## 二、音乐审美功能在促进学生心理健康中的作用

### （一）音乐审美体验与学生情绪的微妙联系

情绪，作为人类内心世界的晴雨表，能够直观地反映个体的心理状态。从喜悦到悲伤，从愤怒到平静，人的各种情绪通过面部表情和身体语言得以展现，成为心理活动的外在映射。艺术实践和心理学研究揭示了一个有趣的现象：人们在审美活动中会展现出独特的情绪特征。这种情绪特征源于艺术作品所传递的情感被个体感知后引发的心理共鸣。

那么，在音乐审美体验中，学生的情绪是如何产生的呢？这种审美体验与他们的心理健康之间又存在怎样的联系呢？

音乐，作为一种独特的艺术形式，通过其特有的旋律、和声、节奏等元素吸引人们的注意力，并激发情感反应。优秀的音乐作品不仅能够展现作曲家个人的情感世界，更能触及人类共同的情感体验。当学生在音乐审美体验中感受到音乐作品所传递的情感与自己内心的感受相契合时，他们的情绪便会随之起伏，产生强烈的共鸣。

例如，贝多芬的《第九交响曲》之所以广为流传，是因为它深刻表达了人类对平等和博爱的渴望与追求。这种情感共鸣使学生在聆听这部作品时能够深刻感受到音乐中的情感力量，进而引发内心的共鸣，激发积极的情绪。

完形心理学为我们揭示了心理世界、生理世界和物理世界之间的内在联系。艺术作品所展现的形式美能够完整地呈现力的运动轨迹，这种运动轨迹与人的心理世界和生理世界密切相关，形成了异质同构的关系。因此，艺术作品能够引起人类情感的强烈共鸣，进而引发各种情绪的变化。

在音乐审美中，学生如何建立积极的情绪，进而调整身心状态、维护心理健康呢？关键在于音乐作品所传递的情感。那些充满活力、昂扬向上的音乐作品能够激发学生的积极情绪，这种积极情绪反过来又会影响他们的心境，使他们保持良好的心态，为心理健康奠定坚实的基础。

此外，音乐还具有独特的宣泄作用。那些蕴含消极情绪的音乐作品，如贝多芬的《悲怆》钢琴奏鸣曲、肖邦的《葬礼进行曲》等，传达了悲伤的情感，成为宣泄消极情绪的出口。当学生处于消极情绪状态时，聆听这些作品可以使他们的内心产生共鸣，从而疏导消极情绪，使心境逐渐趋于平和。

因此，音乐审美体验与学生的情绪之间存在着微妙的联系。通过音乐的审美活动，学生不仅能够获得美的享受和情感的共鸣，还能在潜移默化中调整自己的情绪状态，维护心理健康。音乐教育应充分利用音乐的这一独特功能，通过精心挑选音乐作品、设计审美活动等方式，引导学生积极参与音乐审美体验，促进他们的心理健康。

### （二）音乐审美对学生心理健康的深远影响

音乐审美与心理健康之间的关系密切且复杂，它们相互影响、相互促进。音乐美学，作为艺术美学的一个分支，其实现依赖于个体的心理活动。审美活动不仅是一种精神活动，更是一种深层次的心理体验，它追求的是个体内心的宁静与愉悦。

在审美过程中，人们往往会暂时忘却现实的纷扰，与物欲、名利保持一定的心理距离，这种距离实际上是一种心灵的超越。这种超越使得人们能够更加客观、全面地看待世界，从而有助于培养豁达的性格。审美态度是一种非功利、非苛求的态度，它使人们在欣赏音乐时能够忘却日常的烦恼与压力，进入一种超然、自由的精神状态。

音乐审美对学生心理健康的影响尤为显著。首先，通过音乐审美，学生可以学会面对挫折。当遇到困难和挑战时，他们可以通过聆听积极向上的音乐作品来激发内心的勇气和力量，从而以更加乐观的态度面对生活。其次，音乐审美有助于培养学生的个性意识。不同的音乐作品能够激发个体独特的情感体验，进而促进他们形成独立、鲜明的个性。最后，音乐审美还能够增强学生的群体观念。在合唱、合奏等音乐活动中，学生需要相互协作、密切配合，这种经历有助于培养他们的团队精神和集体荣誉感。

具体来说，音乐的审美功能在促进学生心理健康方面具有以下几个特殊功效：一是通过音乐审美活动，学生可以学会调整自己的情绪状态，缓解压力和焦虑。二是音乐审美有助于培养学生的创造力和想象力，激发他们的创新精神和探索欲望。三是音乐审美能够拓展学生的精神世界，丰富他们的情感体验，使他们的生活更加充实和有意义。四是音乐审美能够提升学生的审美素养和审美能力，使他们在欣赏音乐的同时，也能够欣赏生活中的美，从而更加热爱和珍惜生活。

音乐审美对学生心理健康具有深远的影响。通过音乐审美教育，学生可以学会面对挫折、培养个性意识、增强群体观念、设定人生目标、培养审美能力等多方面的素质和能力，进而全面提升自己的心理健康水平。

新的音乐课程标准明确指出，音乐教育的核心在于审美，它深刻影响着人的情感世界。音乐课的核心价值在于通过聆听、表现和创造音乐等审美活动，学生能够深入体验音乐蕴含的美感和丰富情感。学生会被音乐所表达的真、善、美的境界所吸引和陶醉，产生强烈的情感共鸣。这种共鸣有助于净化心灵、陶冶情操、启迪智慧，实现情感与智慧的互补，从而促进学生形成健康的审美情趣和积极乐观的生活态度。音乐课程标准从音乐的本质出发，突出了音乐审美价值在音乐教育中的重要地位，这与音乐艺术的发展规律和科学定位高度契合。

音乐审美教育的目标是利用音乐艺术的独特力量，启迪学生的智慧，陶冶他们的情操，净化他们的心灵，使他们形成高尚、健康的审美情趣，并保持积极乐观的生活态度。但当前学生具有着诸多心理健康问题，如抑郁、焦虑、孤独、自闭以及对生活意义的迷失等，这些问题严重影响了他们的生活质量。

音乐，作为人类最古老、最具感染力和普遍性的艺术形式，其通过特定的音响结构，成为情感和思想交流的重要媒介，是人类精神生活不可或缺的一部分。音乐的本质在于情感的流露和表达。音乐美学家汉斯立克曾指出，音乐能够迅速而强烈地影响人的心情，其影响力不仅迅速，而且直接、强烈，甚至超越其他艺术形式。① 因此，音乐教育必须深入挖掘音乐的情感属性，将其视为一种特殊的语言，作为情感最完美的表达方式。

在普通音乐审美教育中，学生是审美的主体。音乐教育应以学生为中心，通过引导学生深入体验和感受音乐，使他们能够真正领略音乐的魅力，并从中获得情感的共鸣和心灵的净化。这样的教育过程不仅有助于提升学生的音乐素养和审美能力，还能帮助他们摆脱心理阴影，走出自闭，形成积极乐观的生活态度，热爱音乐、热爱艺术、热爱生活。

在音乐的审美活动中，不同个体展现出显著的差异性。这种差异源于每个人独特的文化背景、人生经历以及他们对音乐基础知识与技能的积累。音乐本身是一个情感的宝库，能够为不同的审美主体提供多样化的表达对象。每个审美主体都能在音乐中自然而然地代入，发挥主观想象，创造、表现和发现美，从而不断提升自身的音乐审美能力。

对于学生而言，音乐审美能力的提升是他们走向音乐艺术殿堂的重要基石。在这个由音乐构筑的独特审美空间中，他们能够突破沟通障碍，实现情感的自由交流，释放内心的压抑情绪，缓解精神压力，以更加积极的态度面对

---

① 汉斯立克. 论音乐的美［M］. 北京：北京师范大学出版社，2019.4.

生活。

杜卫在《美育论》中提出的观点为我们理解音乐在促进人际交流和心灵沟通中的价值提供了深刻见解。他认为，审美教育实际上为情感交流提供了一个超越日常对话障碍的平台。这个平台是一个充满情感的精神世界，它虽源于日常生活，却又超越日常生活。在这个世界里，人们可以安全且自由地表达自己的情感，无论是沉默还是张扬。

在音乐审美中，这种交流尤为显著。内向的人可以在音乐中找到激情的出口，真情流露；不善言辞的人可以通过音乐与古今中外的音乐家进行灵魂对话。在审美的场域，人们共同分享情感经验，互帮互助的精神得到充分体现。每一次合唱、每一次集体舞、每一场戏剧演出，都是参与者情感共鸣的见证。音乐厅或影剧院成为情感的交汇点，每个个体的情感都在这里得到释放和共鸣，形成了一种无言的集体心灵对话。

因此，音乐的审美过程不仅展现了人与人之间的协作关系，更深化了艺术审美中的人际关系。在音乐美学中，人们能够体验到共同的经历和爱的感受。随着个人素养和审美能力的提升，音乐教育和音乐本身也逐渐培养了爱的意识、能力、需求。音乐在教育过程中不自觉地发挥了整合和沟通心灵的功能。这种对爱的态度与审美态度相似，既可以是无私的奉献，也可以是对美好情感的追求和表达。它鼓励人们积极地与他人交流，而不是冷漠和麻木。通过音乐审美，人们可以学会更好地理解和表达情感，培养一种积极、开放、充满爱的心态。

音乐的审美功能独具魅力，它能够解开人们心灵的束缚，释放内心的压力，唤醒对生活的热爱，使心灵重新焕发生机。这种对音乐、生活的热爱，与爱的态度有着异曲同工之妙。爱是一种注重过程、超越物质的精神追求，与审美态度有许多共通之处。追求美或音乐的人，往往追求的是情感的交流和超越，他们不受外界物质的干扰，专注于人与人之间的情感纽带。

爱，作为人类情感中最美好的一种，是幸福生活的基石。当学生能够通过音乐的审美体验与他人产生情感共鸣，并意识到自己的幸福与他人的幸福可以相互协调时，他们便踏上了真正通往幸福人生的道路。这种充满爱与幸福的心态对于塑造健康的人格至关重要，而健康的人格是心理健康的坚实基础。

在音乐美育中，音乐独特的审美功能成为培养学生积极心理品质的有效工具。它不仅帮助学生培养对音乐的热爱，更激发他们对生活的热爱。这种爱的品质能够塑造学生乐观、开朗、善于沟通、真诚、热情和大方的个性，显著改善学生的心理健康状况。

此外，音乐的审美功能在培养学生群体意识和合作精神方面也发挥着重要作用。学生日常生活中难免会遇到挫折和冲突，而音乐审美活动提供了一个理想的平台，让学生可以通过无害的方式宣泄情感，缓解压力。音乐常常以群体的形式呈现，如合唱、合奏等，这些活动需要学生之间的紧密配合，这培养了他们的群体意识和合作精神。

通过音乐审美活动，学生可以学会在适当的时机以适当的方式表达情感，避免不必要的情感积压和冲突。这种情绪管理和人际交往能力的提升，有助于学生解决因人际关系问题而产生的心理困扰，营造和谐、健康的生活和学习氛围。同时，这也为学生适应未来社会、融入知识经济时代奠定了坚实的基础。

音乐的审美功能在塑造学生个性意识方面展现出了显著的作用。近年来，个性教育在教育界得到了广泛的重视和提倡，因为它直接关系到人的全面发展，尤其是个人独特性的培养。个性被视为教育的出发点和归宿，而个性化的教育强调从个体的生理、心理和社会特征出发，全面设计教育模式，这是现代素质教育不可或缺的一部分。

拥有独立个性是形成健全、独立人格的基础，而健全的人格又是心理健康的关键所在。那么，如何通过音乐教育来培养学生的个性意识，从而为塑造健全人格奠定基础呢？

个性意识的形成与审美天性紧密相连。音乐审美活动提供了一个非功利的平台，让个体能够自由发挥想象力，超越现实生活的束缚，深入探索自我。音乐作品通过表达作曲家独特的情感世界，展现出个性化的特质，为观众和表演者提供了丰富的想象和创作空间。在音乐欣赏的过程中，个体不仅感知到作曲家的情感，更能激发内心的潜意识，释放个性，找到属于自己的位置和价值。

音乐欣赏课应该成为培养学生个性意识的重要场所。教师应尊重学生的审美差异，鼓励学生自由表达对音乐作品的感受和理解。通过相互讨论的方式，让学生充分参与音乐审美活动，发挥主动性和创造性。音乐审美教育不应追求绝对正确的答案，而应注重过程体验和情感交流，让学生在音乐中找到自我，发展个性。

蔡元培先生曾强调美育的重要性，认为通过艺术审美可以找回人们遗失的情感，激发对人生的热爱和追求。当个体通过音乐审美拥有健康、高尚的个性时，他们会更倾向于与他人建立和谐友好的关系，甚至产生服务社会的愿望。这种积极的心态和行动对于改善人际关系、促进心理健康具有积极作用。

因此，音乐的审美功能在培养学生个性意识、塑造健全人格方面发挥着独特而重要的作用。通过音乐教育，我们可以帮助学生发掘和表达自我，培养独特的个性和品质，为他们未来的发展和心理健康奠定坚实的基础。

显然，健全而高尚的个性意识对于塑造学生的独立人格至关重要，而拥有独立人格是确保学生心理健康的关键前提。从某种程度上讲，艺术审美的核心目的之一在于协调个体与群体之间的关系。在学校环境中，音乐鉴赏活动不仅极大地丰富了学生的精神世界，还为他们个性意识的发展提供了肥沃的土壤。

随着学生个性意识的日益完善，他们的独立人格也将得到进一步的巩固和发展，这有助于预防人格障碍和人格缺失等问题的出现。音乐鉴赏活动以其独特的方式，对提升学生的心理健康水平产生了积极而深远的影响。

音乐的审美功能主要依托于音乐本身所蕴含的情感特质。通过聆听、创作和表演音乐，欣赏者和参与者能够深刻感受到音乐蕴含的美与深厚的情感，产生音乐与内心情感的共鸣。这种共鸣不仅有助于启迪智慧、陶冶性情，还能净化心灵，培养学生形成高尚、健康的审美观念以及积极乐观的生活态度。

总之，音乐鉴赏活动以其独特的审美功能，对学生的心理健康产生了积极的影响，帮助他们在精神层面得到全面的提升和发展。

## 三、音乐表演活动对学生心理健康影响的深入解析

在人生的旅途中，每个人都渴望在心理上找到属于自己的满足感和成就感。音乐表演，无论是演唱还是演奏，都是这种满足感的重要来源。成功的音乐表演和精湛的演奏技巧都能给表演者带来深深的满足。音乐表演融合了交流、情感、运动和感觉等多重元素，这些元素共同作用于个体的个性，有时甚至能改变他们的行为模式。

对于学生而言，音乐表演活动在改善人际交往方面发挥着特殊的作用，对心理健康有着显著的积极影响。音乐是人类情感的真实写照，而音乐表演是传递这种情感最为直接有力的方式。人类社会是一个集体，人与人之间互相依赖、紧密相连，而真诚是人际交往的基石。音乐以其特有的方式，为人们带来了温暖和爱，传递了淳朴和友好。音乐表演活动，从本质上讲是个体与集体、集体与集体之间情感交流的桥梁。

通过参与音乐表演活动，学生们不仅受到了音乐的熏陶，更从中获得了克服困难的勇气和自信。学生生活是集体生活的一种形式，个体只有融入集体，才能更好地适应环境。音乐表演活动为学生们提供了锻炼团队合作能力和培养集体主义精神的机会。此外，音乐表演还能帮助学生缓解孤独感，减轻学业压力带来的心理负担，增进同学之间的友谊，促使他们形成良好的生活习惯，从而改善学生的心理健康状态。

音乐表演活动是学生展示自我的平台。每个人都有展示自我的需求，学生们通过参与音乐表演活动，可以满足这种需求，并得到社会的认可。这种自我展示带来的满足感既对提升自尊心有着重要作用，也能减少因自卑心理而产生的各种心理问题。因此，音乐表演活动不仅是艺术的表现，更是学生心理健康发展的重要推动力。

学生参与音乐表演活动是获取社会赞誉的有效途径。如同人们普遍渴望得到他人的认可一样，学生也期待在表演中展现自我，收获他人的赞扬。这种赞扬不仅满足了他们的心理需求，还增强了他们的自信心和成就感。当学生全身心投入音乐表演时，他们不仅在享受音乐带来的快乐，还在期待他人的赞赏和

认可。这种积极的人际反馈对于学生的人际交往至关重要，因为它提升了他们的自我价值和社交地位。

在音乐表演的过程中，表演者和观众之间建立起一种基于信任、尊重和理解的关系。这种关系的建立，促进了心灵之间的沟通和情感的交融，使表演者与观众都能在音乐中找到共鸣和满足。正如吴维库教授在其《情商与影响力》一书中指出的，正面的鼓励和赞美对于个体的成长与进步至关重要。它们不仅能够消除自卑感，还能建立自信，激发人的潜能。

音乐表演活动为学生提供了一个展示音乐才能的舞台。在这个舞台上，他们可以通过自己的努力和才华赢得同学与教师的赞誉。这种赞誉不仅让学生感受到了荣誉和满足，更激发了他们继续追求音乐梦想的动力。通过一系列心理实验和辅导实践，我们了解到内心充满荣誉感和满足感的人更能抵抗心理障碍，维持良好的心理健康状态。

此外，音乐表演活动还能增强学生的自豪感。自豪感对于学生而言，是一种重要的情感需求。通过参与简单的音乐表演活动，如合唱或音乐游戏，学生能够体验到成功的喜悦，从而增强自信心和自豪感。音乐教师应积极组织和举办各类音乐活动，为学生提供更多展示自我的机会。在集体表演中，个人与集体的关系得到加深，学生从被动参与者转变为积极贡献者，逐步建立起自信心和自豪感。

音乐表演让学生感受到自己被他人需要，而表演的成功进一步增强了他们的自毫感。这种自毫感不仅使他们更加自信，还使他们更愿意与他人分享自己的成功经验和快乐。当学生通过音乐表演获得他人的敬佩时，他们会感受到前所未有的自豪。这种自豪有助于减少学生心理上的不安和焦虑，进而提升他们的心理健康水平。

音乐表演作为一种综合性的心理锻炼，参与本身就是一次心理成长的历程。通过参与文化活动，尤其是音乐表演活动，学生能够在实践中锻炼心理素质，促进心理健康。普通音乐院校与专业音乐院校在音乐表演教育上的侧重点有所不同：前者更注重学生在表演过程中的情感体验与文化感悟，而后者更侧重于技能和技巧的训练。

普通音乐教育旨在让学生在参与音乐表演的过程中，深入体会音乐的情感内涵，感受其背后的文化底蕴，从而激发他们展现自我的欲望。通过与他人的沟通协作，学生能够释放积累的精神压力，排解内心的苦闷。歌唱作为最常见的艺术表现形式，深受学生的喜爱。特别是通俗歌曲，由于其直白的歌词、简单的结构和贴近生活的风格，更容易引发学生的情感共鸣，成为他们表达情感、宣泄情绪的重要途径。

歌唱不仅在生理上对学生有益，如调节神经系统的敏感度、刺激呼吸和心脏、促进血液循环等，还在心理上产生积极的影响，振奋学生的精神，消除负面情绪，培养其乐观向上的生活态度。在歌唱时，学生能够释放内心的情感，减轻心理压力，从而改善心理健康状况。

除了歌唱，使用简单的乐器进行演奏也是学生宣泄情感、缓解压力的有效方式。以打击乐为例，其强烈的节奏感和冲击力深受学生喜爱。在演奏过程中，学生不仅能够感受音乐节奏的美感，还能通过击打声响释放内心的压力，从而达到舒缓情绪的效果。

普通音乐教育的形式多种多样，合唱团的排练和演出是常见且受欢迎的形式。通过参与合唱活动，学生能够提升沟通协作能力、增强集体荣誉感和团队精神，减轻因自闭或交流障碍带来的不良情绪。合唱作为一种集体艺术表现形式，要求每个参与者摒弃个性，与团队成员和谐配合，共同创作出美妙的和声效果。这种经历不仅培养了学生的群体意识和合作精神，还让他们体验到成就感，有助于他们克服自卑心理，提升心理健康水平。

## 四、音乐欣赏与学生心理健康的关系

### （一）音乐欣赏与学生身心健康的紧密联系

音乐欣赏，作为一种独特的艺术形式，自古以来就被视为一种能够深刻影响人身心健康的手段。古希腊哲学家毕达哥拉斯曾强调音乐的净化作用，认为音乐能够通过旋律和节奏来教育人，改变人的性情，使人保持内心的平和。他进一步指出，音乐不仅能够作用于人的心理，还能够促进身体健康，这种作用并非短暂的，而是持续而深远的。

现代神经生理学的研究揭示了音乐如何影响身心健康的机制。音乐能够通过情感共鸣引发个体的心理反应，这些心理反应进而刺激中枢神经系统，从而影响身体的免疫系统、内分泌系统和自主神经系统。例如，当我们聆听喜欢的音乐时，体内的激素分泌会增加，免疫抗体的浓度也会提升，从而增强身体的抵抗力。这种变化是音乐对生理机能的直接影响。

此外，音乐的节奏与人体内的生理节奏存在一定的关联。当音乐的节奏与人体内的生理节奏相协调时，会产生生理共振。这种共振能够使我们的心跳加速、心神振奋，或者使我们放松心态、平静心情。这种共鸣不仅体现在生理层面，更在心理层面产生了深远的影响。

音乐对人的心理情绪具有双向的调节作用。当我们处于紧张或焦虑的状态时，音乐可以帮助我们舒缓情绪，降低应激反应，使我们逐渐恢复平静。当我们情绪低落时，音乐又能激发我们的活力，提高身体的反应能力。这种调节作用使得音乐成为调节心理状态、促进身心健康的重要工具。

综上所述，音乐欣赏与学生的身心健康之间存在密切的联系。通过欣赏音乐，学生不仅能够获得美的享受和情感的共鸣，更能够在潜移默化中改善自己的心理状态和身体健康。因此，应重视音乐教育在促进学生身心健康方面的作用，积极推广音乐欣赏活动，为学生提供一个健康、和谐的成长环境。

## （二）音乐欣赏与学生心理健康的深入理论探讨

音乐欣赏，作为一种独特的心理体验活动，是学生通过聆听音乐来感受其蕴含的美感，从而达到精神层面的满足和愉悦的活动。这种体验不仅是听觉上的享受，更是一种深层的心理变化过程。学生作为充满活力和创造力的青年群体，他们在音乐欣赏过程中能够拥有比普通人更为深刻的分析和体会，从而获得更多的心理启示。

普通音乐教育应充分利用音乐欣赏这一手段，将其作为调节学生情绪、促进心理健康的重要途径。在音乐课堂上，学生通过赏析音乐作品，可以与音乐家的情感产生共鸣，得到心灵的慰藉。这种精神上的交流不仅让学生感受到音乐的美妙，还让他们在不知不觉中受到音乐家个性和思想的影响。

作曲家通过音乐表达自己的内心世界和情感体验，他们的欢乐、悲伤、成功和失败都蕴含在音乐之中。学生在欣赏音乐时，仿佛与作曲家进行了一次跨越时空的对话，感受到作曲家内心深处的情感和呐喊。这种体验让学生更深入地理解音乐的内涵，也让他们的心灵得到净化和升华。

音乐欣赏的过程也是学生展开想象的过程。音乐作为一种非语义性的艺术形式，能够激发人们的想象力，带领人们进入一个全新的世界。在这个世界中，学生可以自由地展开想象，将音乐中的元素转化为自己心中的画面和情感。这种想象的过程不仅丰富了学生的内心世界，还让他们在音乐中找到了一种独特的自我表达方式。

科学研究已经证明，音乐欣赏对学生的心理健康具有积极的促进作用。通过音乐欣赏，学生可以调节情绪状态，减轻心理压力，提高社交能力，增强自信心。这些心理层面的改善对学生的全面发展具有重要意义。

因此，普通音乐教育应注重音乐欣赏活动的组织和实施。音乐教师需要精心设计音乐欣赏课程，选择合适的音乐作品，引导学生深入感受音乐的魅力。同时，教师还应鼓励学生积极参与音乐欣赏活动，使他们在实践中体验音乐带来的心理变化。通过音乐欣赏活动，学生可以培养自己的审美能力、想象力和创造力，为未来的成长和发展奠定坚实的基础。

### （三）革新音乐欣赏教学理念，促进学生心理健康发展

为了有效提升学生的心理健康水平，普通音乐教师需摒弃传统的音乐欣赏教学思维，采用更加创新和更有针对性的教学方法。这种转变的核心在于将音乐的审美体验置于教学的核心地位，使音乐欣赏成为连接学生与音乐情感的桥梁。

音乐不仅是声音的组合，更是一种情感的表达。因此，在音乐欣赏过程中，学生不仅在聆听音乐，更是在与音乐作品中的情感进行深度交流和碰撞。

为了实现这一目标，音乐教师在选择教学曲目时应格外慎重，应优先挑选具有高艺术价值、能够传递乐观向上和积极进取信息的音乐作品。例如，小约

翰·施特劳斯的《春之声圆舞曲》和罗西尼的《威廉·退尔》序曲，可以帮助学生摆脱内心的阴霾，焕发精神；圣-桑的《天鹅》和拉赫玛尼诺夫的《帕格尼尼主题狂想曲》等作品，能够平抚学生的焦躁情绪，给他们带来内心的宁静；而比才的《卡门》组曲中的《哈巴涅拉舞曲》和巴赫的《小步舞曲》，则能让学生感受到生活的喜悦和美好。

此外，那些能够激发爱国情感和民族自豪感的作品，如柴可夫斯基的《1812序曲》、埃尔加的《威仪堂堂进行曲》等，不仅可以提升学生的情感层次，还能帮助他们形成更加广阔的胸襟和崇高的理想。这种情感的升华对于帮助学生摆脱自私狭隘的心理状态、培养自立自强的个性意识具有积极作用。

作为中华民族的未来和希望，学生的心理健康状况至关重要。音乐教育在培养学生的广博胸怀、崇高理想以及改善心理健康方面发挥着不可替代的作用。因此，我们应高度重视音乐教育在促进学生心理健康发展中的特殊功效，充分利用音乐的独特力量，为学生的全面健康发展提供有益的补充。

# 第四章 音乐教育的教学内容、方法与策略

## 第一节 音乐教学内容

### 一、音乐感受与鉴赏

音乐的感受和鉴赏是音乐教学的重要内容，也是美育的重要途径。对音乐其他领域的学习和探索，最终都是为了更深刻、更全面地感受和理解音乐。具备对各种音乐的感受和鉴赏能力，对于提高自身的审美情趣和审美情感、培养对音乐的爱好和兴趣、陶冶思想情操、开阔音乐视野以及进行音乐创造，都具有十分重要的作用。音乐感受与鉴赏所涉及的领域十分广泛，内容丰富，教学内容主要包括音乐表现要素、音乐情绪与情感、音乐体裁与形式、音乐风格与流派四个方面。

#### （一）音乐表现要素

音乐的表现要素非常丰富。在音乐教学中，常见的表现要素包括节奏、节拍、旋律、速度、力度、音色、音区、和声、调式等。音乐的无穷表现力与这些要素密切相关，每一种表现要素的变化都传达着不同的音乐思想。歌曲或乐曲中的情感表达是多种音乐表现要素相互作用的结果。音乐表现要素状态的变化也预示着思想情感的转变。让学生学习和掌握各种音乐表现要素，了解它们在不同情况下所表达的内容，不仅可以增强学生的音乐感受能力和理解能力，还能为其表现和创作音乐打下基础。因此，音乐的表现要素无论对于音乐家的创作，还是对于欣赏者的乐曲理解来说，都是十分重要的。

## （二）音乐情绪与情感

音乐情绪与情感指的是音乐作品表现出的审美特征，或欣赏者从中感受到的审美特征，它广泛存在于音乐的各个领域。情感性是音乐的本质特性。尽管音乐的情绪与情感都是音乐的审美心理特征，并且两者具有直接联系，但它们之间也存在区别：情绪具有变化频繁的不稳定性和短暂性，是一种较直观的表面现象；情感则具有稳定性和持久性，是本质的体现。音乐所表达的情绪与情感是对内容的流露和展现，因此，音乐最容易培养人的情感。音乐情绪与情感的教学能够丰富学生的情感体验，提高他们的听觉思维能力和审美能力，增强他们热爱音乐、热爱生活、热爱祖国的思想情感。

## （三）音乐体裁与形式

音乐的体裁与形式是根据音乐作品的内容和结构特征而形成的样式及类型。音乐作品的内容对其体裁和形式起着决定性作用，而音乐的体裁和形式也影响着内容的表达。任何一首音乐作品都是内容和形式的有机结合。由于音乐具有强大的表现力，其所表现的内容丰富多样，因此音乐的体裁和形式也种类繁多。音乐按照不同的划分标准可以分为不同的体裁和形式：根据演唱形式，可分为独唱、齐唱、合唱、重唱、对唱、领唱、表演唱等；根据演奏形式，可分为独奏、齐奏、重奏、合奏、协奏等；根据歌曲内容的性质，可分为颂歌、抒情歌曲、叙事歌曲、诙谐歌曲、讽刺歌曲等；根据乐曲的结构和曲式特征，可分为奏鸣曲、变奏曲、回旋曲、回旋奏鸣曲、组曲等；根据音乐与其他艺术的不同结合，可分为歌剧、舞剧、戏曲等。通过学习和了解音乐的体裁与形式，学生能够更加全面、深刻地理解音乐所表达的内容，从整体上把握音乐的结构和风格特征，提高对音乐的感受能力和审美能力。

## （四）音乐风格与流派

音乐风格是指音乐作品在内容和形式上所表现出的独特个性与鲜明艺术特色。它的形成与历史时代、地理环境及作曲家的创作特点密切相关，这些是从音乐作品的整体上呈现出来的。不同时代、不同国家和地区的音乐风格各不相同，不同作曲家的音乐作品风格也各具特色。因此，音乐风格具有明显的时代性和地域性。在音乐风格与流派的教学中，通常采用以下几种方式：一是聆听中国的民族民间音乐，了解其主要种类、唱腔、风格、流派及代表人物；二是聆听世界各国的民族民间音乐，并能够对其风格特点进行简单评述；三是聆听世界各国的优秀音乐作品，了解不同音乐流派的代表人物。

## 二、音乐表现

音乐表现领域的教学内容包括演唱、演奏、综合性艺术表演和识读乐谱四个方面。

### （一）演唱

歌唱是人类最基本的情感表达方式，也是人类接触和表现音乐的最直接手段。在音乐课堂教学的历史上，歌唱是最早出现的教学内容。在教学中，要注重培养学生的演唱能力及综合性艺术表演能力，挖掘学生的表演潜能，使学生能够用音乐的形式表达个人感受并与他人沟通情感。在音乐实践活动中，学生可以体验到美的享受，从而激发对演唱的兴趣，增强音乐学习的积极性。通过演唱教学，学生应掌握一定的歌唱技能和技巧，正确理解并完整表达歌曲的思想情感，使学生的表现能力、模仿能力、鉴赏能力和创造能力得到进一步提高，这对于促进学生的全面发展、身心健康以及树立正确的世界观和人生观具有重要意义。

### （二）演奏

演奏是音乐表现领域的重要组成部分，演奏教学也是学校音乐教育的重要内容。它进入学校教学领域的时间远晚于歌唱教学。演奏教学的作用巨大，影响深远，主要表现在以下几个方面：一是能够激发学生学习音乐的兴趣，提高音乐学习的积极性和主动性。二是可以促进学生对音乐基础知识的学习和理解。三是能够提高学生的识谱能力和听觉能力。四是能够提高学生对音乐的感受能力、表现能力和创造能力。五是能够开发学生的音乐思维能力。

### （三）综合性艺术表演

综合性艺术表演是在演唱、演奏和舞蹈等多种艺术形态相结合的基础上进行的表演形式，具有一定的故事情节和场景，如歌舞表演、音乐剧、集体舞、歌剧、舞剧、戏曲、曲艺等。这些综合性艺术表演不仅使学生在实践中感受到愉悦，更从多种角度开阔了学生的视野，增强了学生的集体协作能力，提高了学生的表演能力和创造能力，使学生能够开发创造性思维，掌握一定的表演知识和技能，在艺术语言沟通中得到美的感受。

### （四）识读乐谱

乐谱是记录音乐的符号，是学习音乐的基本工具。学生必须具备一定的识谱能力，以便进行音乐表演、创作等教学活动。识谱要与演唱、演奏、创作、鉴赏等教学内容密切配合，并以生动的音乐为载体，在学生的感性积累和认知基础上进行。

识读乐谱的教学能够加深学生对音乐的感受和理解，培养他们的音乐注意力、音乐记忆力和音乐思维能力，使学生更加深入地感受和理解音乐。良好的识谱能力和敏锐的听觉能力能够帮助学生感知音乐要素在不同音乐风格中的作用，更深入地感受和理解音乐所表达的思想感情，从而提高自身的审美能力。学生具备了一定的识谱能力和听觉能力，就能根据乐谱进行演唱和演奏，把无声的乐谱转化为有声的音乐。反之，他们也可以用乐谱将音乐记录下来，准确地记录构思中的旋律，捕捉音乐灵感，用音符表达不同的思想情感，从而提高创作能力和表现能力。对音乐的理解和学习需要学生具备丰富的音乐知识和技能，识谱能力和听辨能力是其中较为重要的方面，是学生独立学习音乐必须具备的能力，也是进行音乐其他方面学习的必要条件。

## 三、音乐创造

创造是一切事物发展的根本动力，也是社会进步的源泉。创造性教学已成为新时期艺术教育功能和价值的重要体现。音乐创造是一个激发学生想象力和思维潜能的音乐学习领域，是学生积累音乐创作经验和发掘创造性思维能力的过程与手段，对于培养具备音乐实践能力的创新人才具有十分重要的意义。

音乐创造是指音乐教学领域的各种创造性活动，并不专指专业的作曲，而是泛指通过简单的创造性教学培养学生的创新思维和创新能力的活动。它涉及广泛的教学领域，在演唱、演奏、音乐欣赏、律动等方面都有创造性的体现。演唱和演奏是对歌曲或乐曲的"二度创作"，即表演者将无声的乐谱转化为有声的歌曲或乐曲。音乐欣赏被称为"三度创作"，因为音乐具有不确定性和非语义性的特点，人们在欣赏相同的音乐时，对音乐内容的理解和感受各不相同，这就是对音乐的"三度创作"。跟随音乐的节奏进行律动或舞蹈也是对音乐的创造。

创造教学的目的是挖掘学生的创新思维能力，培养具有实践能力的创新型人才。学生通常具有强烈的表现欲望和创造热情。创造性教学提倡多元的思维方式和表现形式，应表扬和赞赏学生的新颖、独特的创造，而不应轻易否定那些有错误或看似不合理的创造，不要用"标准答案"来束缚学生的创新思维和创作实践。在学生的创造中，同样可以闪耀出创作的火花。

音乐的创造体现在音乐教学的各个领域，形式丰富多样。教师在教学中应更新观念，避免采用过去单一的教学模式，注重运用各教学领域之间的联系。例如，在演唱中，可以让学生根据歌曲的内容和情绪创编表演动作，或根据乐曲所表达的思想情感编配歌词；在演奏中，可以用适当的乐器模拟风声、雷声或鸟鸣声，或即兴用乐器表现某种场景；在欣赏音乐时，可以随乐曲的节奏律动或舞蹈，跟随乐曲拍击节奏；等等。创造教学所涉及的领域是广泛的，内容丰富，形式多样，在教学中应将相关的教学领域融合在一起，利用它们之间的联系进行教学。

## 四、音乐与相关文化

音乐与相关文化是音乐课程中人文学科属性的集中体现，是直接增进学生文化素养的重要学习领域。音乐的人文学科属性决定了它与多种文化有着密切的联系，音乐的发展和完善也受到这些文化背景的影响。与音乐相关的文化领域广泛而丰富，涉及绘画、戏曲、舞蹈、文学、地理、历史、数学、生物等众多领域。因此，多方面了解与音乐相关的文化，对于拓宽学生的文化视野、提高学生感受和理解音乐的能力都具有非常重要的意义。音乐正因为与广泛的相关文化相结合，才具备了丰富的内容和强大的表现力。因此，音乐教学应与其他相关文化相结合，以增强活力，否则，音乐教学将是贫瘠的，无法作为发展学生个性的一种媒介而发挥其全部价值。音乐与相关文化所涉及的内容主要体现在三个领域：音乐与社会生活、音乐与姊妹艺术以及音乐与艺术之外的其他学科。

## （一）音乐与社会生活

音乐作为一种社会文化，与社会生活有着密切的联系。它不仅来源于社会生活，是社会生活的反映，而且对社会生活的发展有着广泛的影响。音乐不仅能够美化人们的精神生活，还进一步影响着社会的政治、经济和文化等方面。我国自古就有"移风易俗，莫善于乐"的思想，这表明音乐是一种潜移默化的精神力量，能够对社会产生深远的影响。在教学中，教师应让学生了解或参与社会音乐活动，进一步体会音乐与社会生活的关系，增强他们对音乐的兴趣和对生活的热爱。与社会生活相关的音乐现象主要包括礼仪音乐、实用音乐和背景音乐三大类。

## （二）音乐与姊妹艺术

可称为音乐的姊妹艺术的种类较多，其中关系密切的主要有舞蹈、美术、戏曲、影视等。艺术是思想情感的体现，虽然各类艺术都有各自的特点，但它们之间有着多种联系，并存在许多相似之处，它们都具有审美特征，都是对思想情感的表达。人的心理"通感"将不同种类的艺术融合在一起，而这些姊妹艺术的特征将音乐与它们紧密联系。

## （三）音乐与艺术之外的其他学科

与音乐相关的艺术之外的其他学科涉及的领域广泛且种类繁多，其中联系密切的主要有文学、历史、地理、体育、数学、物理、生物、化学等。音乐与艺术之外其他学科的综合教学是音乐学科创新教学的体现，为音乐教学领域赋予了新的内容。学生通过学习音乐与其他学科的结合，能够从文化的角度理解和感受音乐，增强对音乐的探索和创造能力，拓宽文化视野，从更广泛的领域体验音乐课程的人文属性。

# 第二节 音乐教育的教学模式

教学模式是将教师在教学实践中总结出的规律性方法，形式化为一种可复制的教学模型，旨在提升教师的教学效率和学生的学习效果。我国的教育专家查有梁在他的《教育建模》一书中强调，模式在科学操作和思维中占据重要地位，是实践与理论之间的桥梁，他从不同视角构建了多达上百种的教学模式。在音乐教育领域，也有其独特的教学模式，这些模式被整合在音乐学科的教学体系中。近年来，像《音乐教学论》和《音乐教学法》这样的教材，详尽地列出了多种音乐教学模式，既包括经典的传统方法，也涵盖在课程改革中涌现出的具有探索性质的新型音乐教学模式。

## 一、音乐教育教学模式的定义

音乐教育教学模式是在特定的音乐教育理念和理论框架下，为实现既定的教学目标，引导学生取得预期学习成果，而在教学实践中逐渐发展并固化的教学方法和行为模式。这种模式经过广泛的应用和验证，被认为是有效的，并被许多音乐教育工作者采纳和运用。简单来说，它是一种经过实践检验，被认为有助于达成音乐教育目标的稳定教学策略。

## 二、音乐教育教学模式的特点

音乐教育教学模式的特点体现在以下几个方面。

## （一）科学性

### 1．音乐教育思想和理念

高校音乐教育应基于现代科学的音乐教育思想和理念。这些思想和理念虽然不是显性的，但应贯穿于教学的各个环节。

### 2．课堂结构和教学方法

高校音乐课堂应合理设计课程结构，并采用适当的教学方法，以满足不同学生的需求，确保教学效果的最优化。

### 3．教学手段和媒体设备

高校音乐教育应充分利用现代科技，如多媒体和网络资源，使音乐教学更加生动和多样化，避免单一和枯燥。

## （二）开放性

### 1．教学方式的多元化

高校音乐教学不应局限于传统课堂，而应拓展到校园外，利用网络和社区资源，为学生提供更广阔的学习平台。

### 2．教学内容的多元化

高校音乐的教学内容应超越教材的限制，整合社会音乐教育资源，如家庭音乐自学、社区音乐培训和网络音乐文化学习等，以丰富学生的学习体验。

## （三）自主性

### 1．个性化学习

高校学生应有权根据自己的兴趣选择学习内容和方式，这有助于学生的独立思考和个性化发展。

### 2．教学民主化

高校音乐教育应鼓励学生参与教学决策，尊重学生的意见和选择，体现教育的民主化和个性化。

## 三、高校音乐教育教学模式的运用

在高校音乐教学中，为了更有效地传授知识和技能，培养学生的审美情趣和合作能力，教师可以灵活运用多种教学模式。以下是结合高校音乐教学内容的音乐教学模式。

### （一）合作模式

合作模式能够促进学生间的交流与合作，培养他们的团队协作能力。在高校音乐教学中，教师可以组织学生进行合唱、合奏等创造性活动，通过引导、讨论、演示和共同评价的过程，让学生互助解决音乐创作和表演中的难点，共同展示成果，从而极大地提高他们的学习积极性。

### （二）研究模式

研究模式可以引导学生深入研究某一音乐专题，如音乐流派、作曲家风格或民族音乐特色等。教师可以提出问题，让学生自行准备材料，进行答辩和归纳总结。这种模式可以运用在高校音乐欣赏课中，通过让学生深入研究音乐背后的文化、历史和艺术价值，提升他们的音乐鉴赏能力和人文素养。

### （三）情感模式

情感模式强调通过感人的音乐材料和富有艺术感染力的教学手段来激发学生的情感共鸣。在高校音乐教学中，教师可以选择具有情感深度的音乐作品，通过展现、乐学、审美和情感陶冶，让学生深刻体验音乐带来的情感冲击，培养他们的音乐感受力和表现力。

### （四）活动模式

活动模式强调学生的参与和实践。在高校音乐教学中，教师可以组织各种音乐活动，如校园歌手大赛、音乐会、音乐节等，让学生在参与中强化音乐技能，并通过反馈和分析评价不断提升自己的表现水平。这种模式能够增强学生的实践能力和自信心，培养他们的舞台表现力和音乐创造力。

## （五）个体模式

个体模式尊重学生的个性发展和个人需求。在高校音乐教学中，教师可以根据学生的兴趣和特长，提供个性化的教学方案，通过自选曲目、自学练习和自我反思，让学生充分发挥自己的音乐才能和创造力。这种模式有助于培养学生的独立性和自主性，促进他们的全面发展。

## （六）认知模式

认知模式注重系统知识的传授和信息量的积累。在高校音乐教学中，教师可以通过讲解音乐理论、音乐史和音乐欣赏等内容，帮助学生建立完整的音乐知识体系。通过接受、积累、熟练运用和举一反三，培养学生的音乐分析能力和综合应用能力，为他们的音乐学习和发展奠定坚实基础。

## （七）潜在模式

潜在模式强调教学目标之间的交叉渗透和移情作用。在高校音乐教学中，教师可以通过暗示、渗透、移情和熏陶，将德育教育目标融入到音乐教学中。例如，在教授民族音乐时，教师可以引导学生热爱民族音乐文化，培养他们的民族自豪感和文化认同感。这种模式有助于实现音乐教育的多元化目标，促进学生的全面发展。

# 第三节　音乐教育的教学方法

## 一、培养音乐欣赏能力

### （一）音乐音响的辨别能力

有些工人师傅，仅凭机器发出的声响，就能辨别机器运转是否正常，或者发现问题所在。这是因为他们通过长期的实践，熟悉了机器的结构，了解了机器的性能及其运作规律，而有些人不具备这种辨别能力。

音乐是"声音的艺术"，是"音响的艺术"，它依靠音乐音响来传递内容。这种音响是单纯的"物理性"的，而是通过作曲家的艺术构思，运用各种作曲技巧，经由艺术创作构成音乐作品，再通过歌唱家、演奏家的艺术加工，使欣赏者体验到极具艺术性、丰富多彩、变化万千的美妙音乐音响。

所谓对音乐音响的辨别能力，是指能够辨别构成音乐音响的音高、音值、音强、音色、速度等音乐基本要素的能力；熟悉并掌握音乐音响的"和声""调式调性""曲式结构"等音乐表现手段及其意义的能力。

对音乐音响的辨别能力，常常影响欣赏者的欣赏能力和欣赏对象的范围。例如，有些人只能辨别单声部旋律，这就会影响他们对"合唱"、管弦乐队演奏的大小乐曲等多声部音乐作品的欣赏。他们只能听单声部的个人演唱或齐唱，而在听演唱时也只能听到旋律，无法从整体上感受烘托独唱的背景、气氛以及丰富歌唱表现力的伴奏（作为演唱整体的有机组成部分）。

同样，有些人对各种不同乐器的音色、性能、表现力缺乏敏锐的辨别能力，这就会影响其对乐器种类的识别和对器乐曲的欣赏。

什么是乐感呢？从字面上简单解释，就是我们"对音乐的感觉"（对音乐的感知）。这个概念已经深入人心，并完全得到音乐界的认可。我们不难发现，虽然音乐技术、技巧、技能及理论知识很重要，但音乐人普遍认为乐感似乎更为重要。因为有了乐感，学习音乐和进行各种音乐活动就会事半功倍，并能展现出更强大、更震撼的音乐艺术魅力。

具体来说乐感，是指人们在音乐艺术感知上的灵敏度、准确度、接受能力、模仿能力、理解能力、辨别能力、生活联想能力、艺术想象能力以及在艺术上对平衡与对比、统一与变化的感知能力。这些能力在音乐教学及音乐表演中，具体表现为表达能力、组织能力、发展延伸能力、创造能力等各个方面。

各种形式的音乐音响结构基本上是多声部的。这些多声部音响结构包含了多声部人声的合唱（二声部、三声部、四声部等）以及由多种乐器演奏的管弦乐曲（可能包含十几种乐器和打击乐器，甚至键盘乐器）。如果欣赏者在音乐音响辨别能力方面有所欠缺，那么对于许多中外古今的名著名篇就无法涉猎，无法真正享受，这岂不是一种遗憾？

由此可见，音乐音响辨别能力的高低直接影响着欣赏者对"欣赏对象"的接受程度。因此，对于有追求的音乐欣赏者来说，培养和锻炼对音乐音响的辨别能力，特别是对多声部音响的仔细分析和正确感知（辨别）能力，是十分重要且不可忽视的。

要培养、锻炼欣赏者对音乐音响的辨别能力，学习相关的音乐知识是必要的，但更重要的是提高欣赏者的听觉敏锐性、灵敏性和分析能力。在欣赏音乐作品时，欣赏者不仅要听到主旋律，还要能够辨别其他声部的进行，识别不同乐器的音色，并听出各声部此起彼伏的交错进行。因此，除了学习一些相关知识和请人讲解辅导外，提高音乐音响的辨别能力的唯一有效方法就是"欣赏实践"。因为对音乐的感受是主观的、个体的，别人无法代劳或替代。正如"梨子的滋味"无法用语言表达，必须亲自品尝。因此，只有下功夫多听、反复听，用心去比较和分析所接受的各种不同音乐音响的异同点，比较和分析得越认真越细致越好。久而久之，欣赏者的听觉会得到锻炼，对不同音乐音响的熟悉程度会越来越高，对音乐音响的辨别能力会越来越敏锐，自然就会逐步提高对"欣赏对象"的正确感知能力，扩大"欣赏对象"的范围。

## （二）音乐音响的接受能力

音乐是"听觉的艺术"，需要依靠人体的耳朵来完成。音乐展示的是各种不同的音乐音响。欣赏者在欣赏音乐时，应当有一个良好而安静的环境，以避免其他声响对音乐音响的干扰；特别要求欣赏者对欣赏对象具有"注意"的"指向性"和"集中性"，以便更好地聆听和感知音乐。

欣赏音乐时的"注意"应该是"有意注意"，而不是将其视为"无意注意"的背景音乐。当听到音响结构较为复杂的作品时，欣赏者可能会感到"不知所云"，甚至产生某些畏难情绪，出现听不下去的情况。此时，欣赏者需要具备一定的意志力，并有意识地集中（专心）和保持（指向性）"注意力"在对音乐作品的聆听上，坚持听下去，抓住并分析音乐音响的规律和特点，可以适当地多听几遍，以培养和发展欣赏者的"有意注意力"，使其逐渐形成良好的欣赏习惯。对于一首好的作品，或者欣赏者喜欢的作品，反复听、经常听、用心地听，是逐步提高欣赏者对欣赏对象感知能力的有效途径。

音乐是一种"时间的艺术"。音乐音响随着时间的流逝而运动，具有"转瞬即逝"的特点。因此，在欣赏音乐的过程中，欣赏者必须具备一定的记忆能力。

所谓"记忆"，首先是"识记"，即识别不同音乐音响的差异，包括速度、音色、情绪、声部数量、演唱演奏的规模等，并将这些信息输入大脑这个"信息库"，在大脑中留下痕迹，并在大脑这个"信息库"中进行分类"保存"和储存，待需要时再"回忆"，即从大脑中提取储存的信息。如果欣赏者无法对动态的音乐音响进行"记忆"，那么就无法"回忆"，也就是说，听了后面的就忘了前面的，欣赏者始终无法在动态的音乐运动中获得整体的印象和感受。这是一般欣赏者经常遇到的问题，也是欣赏音乐时需要解决的关键问题。唯一的办法是多听、反复听，在欣赏音乐的实践中锻炼和培养欣赏者的识记能力。如果欣赏者在音乐欣赏的实践中输入和储存了足够多的音乐作品，特别是作品的主题和精彩的旋律片段越多，那么他掌握的"信息"就越多，他就是一个"音乐信息量"的富有者。在欣赏音乐时，欣赏者可以随时"提取"有用的"信息"，通过联想和想象，更便捷、更好地领悟和享受各类音乐作品。

### （三）将音乐与其他内容联系，进行综合分析的能力

将歌唱、器乐等音乐学习与欣赏联系起来，进行综合的欣赏指导，是最为有效的音乐欣赏指导方法。

（1）熟悉音乐主题后再聆听。通过对乐曲的主题进行节奏动作练习，使学生先熟悉乐曲的主题，然后进行聆听。

（2）熟悉音乐主题后掌握节奏。利用乐曲主题进行节奏练习，可以选择哼唱乐曲主题或使用乐器演奏乐曲的主题。通过熟悉乐曲的主题，进一步掌握旋律的重复和发展等内容。

（3）歌曲是音乐形象与歌词形象的统一，是歌词的文学形象与音乐形象的结合，因此是发展形象思维的一个有利途径。

在唱歌教学中，我们既要重视音乐形象思维的活动，也要重视语言文字形象思维的活动。要把这两种形象思维活动有机地结合起来，任何偏颇的做法都是不可取的。以《白杨和小河》为例，先从歌词联想到白杨、小河的形象，它们怎样友爱，怎样共同为人们造福。后来批评了这种脱离音乐特性、纯语文式的分析，但是又进入另一个误区，只从音乐形象的特点去分析，一个休止符、一个符点都带有感情的色彩，忽略了文字形象的作用。这两种做法都是片面的，只有把文字和音乐的形象思维结合起来，才有利于学生思维能力的全面发展。

## 二、视唱练耳教学法

### （一）视唱教学

#### 1．构唱

（1）从无升降记号的调开始，掌握基本音程的性质和构唱技巧。为了能够尽快找到音高感和调式感，需要先从简单无升降号的调式音阶训练着手，再依据纯一度，大，小二度，大，小三度，纯四度，增四度，纯五度，减五度，大，小六度，大，小七度，纯八度的音程构唱顺序，从窄到宽、由易到难进行反复构唱。

a 一度构唱。一度构唱均为纯一度，在和声音程演唱过程中通常没有任何意义，在旋律音程中也是同音反复，属于完全协和音程。

b 二度构唱。要注意大二度和小二度的区别。二度音程通常包括大二度和小二度两种类型，都是不协和音程。小二度十分尖锐，两个音"紧贴"；大二度的尖锐程度要小一些，比小二度更为"清晰"。

c 三度构唱。三度音程通常包括大三度和小三度两种类型，都是不完全协和音程，需要注意大三度和小三度的区别。大三度明亮直白（如同一个直爽刚劲的男人）；小三度则柔和委婉（如同一个婉转柔美的女人）。

d 四度构唱。四度音程主要包括纯四度和增四度两种类型。纯四度是完全协和音程的一种，而增四度是不协和音程的一种。需要注意纯四度和增四度的区别。

e 五度构唱。五度音程主要包括纯五度和减五度两种。纯五度是完全协和音程，其协和性与纯四度相同。需要注意二者之间音高距离的区别。减五度是不协和音程，它与增四度属于等音程。二者的音数都是3，统称为"三全音"；二者的音高感觉相同，只是唱名与度数不同，而且都是不协和音程。从五度开始，五度以上的音程都是大跳音程。

f 六度构唱。六度音程可以分为大六度和小六度两种类型，与大、小三度相似，均属于不完全协和音程，并且色彩感相同。大六度明亮直白，小六度柔和委婉。六度可以先采用三度加四度（3+4）或者四度加三度（4+3）的"搭桥"方式进行构唱，唱好之后再"拆桥"直接进行构唱。

g 七度构唱。七度音程分为大七度和小七度两种，和大、小二度一样，属于不协和音程，并且色彩感相似。大七度和小二度一样，尖锐刺耳；小七度和大二度一样，都属于温和性的不协和音程。七度的构唱可以先采用三度加三度加三度（3+3+3）的"搭桥"方式，唱好之后再"拆桥"直接进行构唱。

h 八度构唱。八度构唱即纯八度，是同音名在高低八度的重复，属于极完全协和音程。八度的构唱可以先采用三度加三度加四度（3+3+4）的"搭桥"方式，唱好之后再"拆桥"直接进行构唱。

（2）同一基本音级上的自然音程构唱。在掌握了基本音程的性质与构唱方法后，可以在各基本音级上展开度数相同、性质不同的自然音程构唱，以此来巩固各个基本音程在不同音级层面的"音高感"。

a 二度构唱。在同一音级上分别向上构唱大二度和小二度，注意区分这两种二度音程构唱的区别。通常大二度比较容易唱（可以根据 do—re 的感觉演唱）；小二度的两个音往往需要"紧贴"着唱（可以根据 mi—fa 的感觉演唱），避免唱成纯一度或大二度的音高。

b 三度构唱。在同一音级上分别向上构唱大三度和小三度，注意区分这两种三度音程构唱的区别。大三度可按照 do—mi 的感觉演唱，小三度则可按照 mi—sol 的感觉演唱。

c 四度构唱。在同一音级上分别向上构唱纯四度和增四度，注意区分这两种四度音程构唱的区别。纯四度可以根据 do—fa 的感觉演唱，增四度则可以根据 fa—si 的感觉演唱。纯四度和谐且容易演唱，但初学增四度时可能不太容易掌握，可以采用"搭桥"的方法（大三度加大二度或纯四度加增一度）进行构唱。

d 五度构唱。在同一音级上分别向上构唱纯五度和减五度，注意区分这两种五度音程构唱的区别。纯五度可以根据 do—sol 的感觉演唱，减五度则可以根据 si—fa 的感觉演唱。纯五度和谐且容易演好唱，但初学减五度时可能不太容易掌握，可以使用"搭桥"的方法进行构唱。

e 六度构唱。在同一音级上分别向上构唱大六度和小六度，注意区分这两种六度音程的构唱。大六度需要根据 do—la 的感觉进行构唱，小六度则需要根据 mi—do 的感觉进行构唱。

f 七度构唱。在同一音级上分别向上构唱大七度与小七度，注意区分这两种七度音程之间的差异。大七度可以根据 do—si 的感觉进行构唱，小七度则根据 re—do 的感觉进行构唱。

2. 简谱视唱

简谱是一种简便的记谱法，分为字母简谱和数字简谱两类，我国通行的是数字简谱。

数字简谱的雏形最早出现在 16 世纪的欧洲，法国著名思想家卢梭曾对其进行了改进并大力提倡。数字简谱以可动唱名法为基础，用阿拉伯数字代表音阶中的七个基本音级，相当于工尺谱中的"上、尺、工、凡、六、五、乙"，用"0"表示休止。简谱运用五线谱记录节奏的二分法，建立了包括全音符、二分音符、四分音符、八分音符等在内的体系，并通过在音符上、下加点的方法分别表示高、低音，使用在音符后面加线、加附点和在音符下面加线的方法表示时值的增减。

由于传统的为调和之调的区别，中国音乐作品在简谱体系中的标调有两种不同的方法：

（1）继承之调重视宫音的传统，只标示宫音所在的音高，而不标示调头的音高，如"1＝F""1＝D""1＝G"等。

（2）继承为调重视调头的传统，只标示调头所在的音高，而不标示宫音的音高，如"6＝D""5＝A""3＝B"等。

近50年来，我国音乐家对简谱进行了许多改造和发展，如创设了散板及多种腔音和民族乐器演奏的记号等，使其能够比较准确地记录中国音乐作品。经过了近半个世纪的推广和改造，简谱在我国普通学校音乐教育和社会音乐生活中得到了广泛应用，成为近现代流传最广、印刷数量最多、最具代表性，并且具有一定中国特色的乐谱形式。在欧美及日本等地早已不见其踪影的情况下，许多外国音乐家已经将简谱视为中国的谱式，以至于一些美国音乐教育家来华考察时，对简谱感到十分惊奇——中国竟有如此简便易学的谱式！如同二胡、琵琶等外来乐器早已被公认为民族乐器一样，简谱也应被认可为中国的谱式。

对于用简谱记写录的中国音乐作品，我们必须运用中国乐理和工尺谱的概念来理解与阅读。例如，需要将其中的许多数字音符都视为腔音，并且不将小节线视为强拍的标志，将传统音乐中的句拍记作一个小节，用虚小节线表示句、逗的划分等。这种方法犹如用外国的酒瓶装中国的酒，在瓶里的洋酒还没有倒净的情况下，装进去的中国酒里难免会有洋酒味。我们应该将它们区分开来。在现有基础上继续进行简谱改革，使其进一步民族化，并对各种符号进行规范，这是可以做到的，也是确实可行的。相信经过一代又一代中国音乐家的努力，一定能够很好地完成这一任务。

## （二）练耳教学

### 1. 基本音级单音听写

基本音级指的是采用 C、D、E、F、G、A、B 七个字母命名的音级。需要特别注意的是，将钢琴白键的音称作基本音级实际上并不完全正确，因为钢琴白键上的音也可以是变化音级，如 #E、#B、bC、bF、#F 虽然可以在钢琴白键上找到，但它们通常是变化音级。

单音听写主要以中音区为主，随后才是高音区和低音区。在中音区中，通常以小字一组为起点，之后逐步扩展到小字二组和小字组范围。这可以算是一条原则。

在小字一组中，建议从 a1 开始，因为 a1 是标准音。在乐音体系中，各个音通常都以这个音为标准，这对于建立现代音高关系非常有利。

在单音初级的训练过程中，教师通常会在琴上弹奏出不同高度的音符，学生可以用"啊"或"啦"来模仿音高，也可以使用唱名。

单音模唱通常从中音区开始，然后逐渐扩展音域。对于听唱同度音和八度音，人声往往难以准确唱出，可以通过将音高移高八度或移低八度的方式来进行练习。通过这样的持续练习，学生可以逐渐掌握各音组的音高及其相互关系，并进一步提高在高音区和低音区的听音能力。

然后是让学生在 C 调范围，从 g 到 g2，使用唱名听唱除黑键外的所有音符。用唱名听唱包括黑键在内的任意音符，通常难度很大，在后期的阶段需要对其展开专门的训练。

对于标准音 a1 的训练，应先在琴上弹出标准音 a1，认真聆听并牢记其音高，然后运用唱名"la"准确地模仿唱出。

当我们掌握了标准音 a1 后，接下来训练 c1。c1 在五线谱高音谱表上位于下加一线。这个音具有非常重要的意义，因为它是常用的 C 大调的主音。当 c1 训练掌握好后，就可以继续练习 g1。当 g1 掌握好后，便可以依次训练其他音。

通过有规律的模唱练习，学生可以熟悉调内各音程，掌握构唱的方法，培养音高感觉。在听写时，可以运用旋律音程进行构唱，再进行听辨。

2．音程听辨

凭借听觉掌握旋律音程是训练音乐听觉的基本方法之一。学生主要存在的问题是音程感觉无法与调式内的唱名相对应，尤其是基础较差的学生。这种情况在基本不识谱的学生中普遍存在，原因在于其没有将音高或音程的感觉与内在的唱名牢固地联系起来。对于这样的学生，教师必须有意识地加强音高与唱名相对应的练习，尤其是多进行在调式内音高与唱名相对应的练习，务必使学生建立起调式内的音程关系与唱名依据的牢固感觉。其方法是多进行有明确唱名依据的构唱练习，因为任何有意识的构唱活动，都必须以内在的明确唱名为依据。

在调式内掌握各类自然音程时，不必拘泥于音程从小到大的自然顺序。对于一般音程，如大小六度以内的各类大、小、纯音程，不必进行专门的练习，因为这类音程并不是很难。只要在调式内经常进行指定的或自由的直接构唱练习即可。

音程听辨通常有两种比较常用的方法：a 针对基础相对较好的学生进行训练，可以多进行音程模唱练习；b 针对听辨基础相对较弱的学生，可以先进行横向的音程听辨练习。

训练指导：练习时可以给出一个标准音，用唱名唱出各个音程，然后说出音程的名称；也可以在琴上弹奏，仔细聆听，努力辨识每个音，并记住各音程产生的音响效果。

3．和弦听辨

（1）和弦听辨的方法。通过听觉掌握和弦是训练和声听觉的基础。这种方法与通过听觉掌握音程的方法大同小异。可以通过以下四个步骤逐步深化：排除前一个音响的干扰，再现能力，依据几个音在调式内的相互关系进行判断，以及从立体色彩上进行辨别。

对于掌握和弦色彩的最后一步，这里提供一些不同和弦色彩的感受提示：大三和弦——较单薄的明亮和弦；小三和弦——较单薄的柔和和弦（较大三和弦暗淡）；减三和弦——较单薄的不谐和和弦，具有内向紧缩的特点；增三和弦——较单薄的不协和和弦，具有外向扩展的特点；大小七和弦是在明亮的大三和弦基础上加上不和谐的因素，形成浑厚丰满的不协和和弦；小小七和弦是在较柔和暗淡的小三和弦的基础上加上不和谐的因素，具有尖锐的倾向性；减小七和弦是在不和谐而紧缩的基础上加入更不和谐的因素，是不协和且不稳定的和弦，具有尖锐的倾向性；减减七和弦是在不和谐而紧缩的减三和弦基础上加一个不和谐的因素，是不协和且不稳定、向内紧缩的和弦。

（2）三和弦的听辨训练。三和弦是由三个音按照三度关系排列而成的和弦。在三和弦中，每个音都有固定的名称：最低的音称为根音；中间的音称为三度音，简称为三音；最高的音称为五度音，简称为五音。

和弦的色彩建立在对音程敏锐的听觉感受基础上。学生在分辨和弦的音响色彩时，不能忽视对具体音高的感受。因此，培养对和弦音高的感受能力是最基本的前提。

和弦听唱实际上是对和声音程听唱能力的延伸，所需的思维意识与听觉技巧类似于和声音程。不同之处主要在于分析、归纳和记忆音响色彩时，需要制定计划与分类，特别是在听唱和分析方法的应用及科学性探索方面，这是提高学习质量的关键所在。

（3）七和弦的听辨训练。由四个音按照三度关系排列而成的和弦称为七和弦。七和弦有多种类型，主要包括大小七和弦、小小七和弦和小七和弦等。具体训练方法如下：

①给出标准音，唱出下列的各组和弦，并说出各个和弦的名称。

②给出标准音，唱出下列和弦，并说出各个和弦的名称。

③给出标准音，弹奏出下列和弦，并使用唱名的方式进行模唱。

④给出标准音，在下列各个音上构唱出指定的和弦。

4. 旋律听辨

（1）旋律的感知与记忆。

a 旋律的感知。

a．音程感。音程本质上是对音高关系的一种体验，单声部旋律是旋律音程的横向连续进行，而二声部旋律是音程的横向进行与纵向结合并存。音程感表现在：第一，只能辨认和再现"旋律曲线"，即只能正确地感知旋律运动的方向、起伏变化。第二，音程感较好的同学不仅能辨认和再现"旋律曲线"，还能反映旋律进行中的音程关系，使旋律完整再现。

b．调式感。旋律中的各个音符并不是孤立存在的，而是按照一定的音程关系及倾向性有机地结合在一起。区分旋律中各音的稳定性、不稳定性及其倾向性，以及各音级之间的固定音程感与调式功能的能力，就是调式感。调式感最明显的体现是旋律中的许多音被感知为比较稳定，当旋律终止时，它们会会给人一种结束感；而如果旋律终止于不稳定的音级上，则会被感知为未结束。

为了建立调式感，我们可以通过听、唱音阶和调内和弦的连接来掌握调式的基本结构，也可以通过音级训练进行强化。在训练熟练之后，再结合节奏在不同调式、调性上进行音级练习。

c．节奏感。旋律的构成主要包括两个方面：音高和节奏。其中，节奏的主要作用是将一系列单音串联成有组织的旋律。在学生的实际训练过程中，常常会有一些学生能够记住所有的音高，却无法组成有序的旋律，这反映出他们在节奏感方面存在问题。我们可以结合旋律音程的节奏感，采取以下训练方法：第一，听旋律，辨识节奏，进行训练，要求学生不关注音高，先记住节奏。第二，在音高没有变化的情况下，进行听辨训练节奏变化的旋律。

b 旋律的记忆。

教师在弹奏音乐的旋律时，要求学生不要写，而要先集中精力对听到的旋律进行记忆，然后背唱出来。由于学生不能依赖笔记，这迫使他们将学习的重心放在大脑记忆上，从而使旋律的记忆能力得到充分锻炼，加深对所记旋律的理解，并促使记忆质量进一步提高。

旋律骨干音指的是旋律中最突出、最重要的部分，如开始时的音调、重音、高潮等。这些通常是旋律中最能引起人们注意的地方，也是学生最容易记住的部分。因此，在训练时，教师应要求学生先记住这些部分，使记忆的旋律形成一个整体的轮廓和大致的骨架，再补充记忆旋律中不易引起注意的部分。这种训练方式具有较为明确的主次关系，有助于学生在整体上把握旋律，使记忆更加清晰、有序。

在进行旋律听觉训练时，教师应引导学生分析和总结旋律的音高、调性、乐句等因素，以帮助学生掌握记忆的规律，进而提高记忆效率。在通过听觉获得直观印象的基础上，进行理论和技术上的分析、判断、归纳，这个过程就是听觉思维的过程。

如果没有听觉思维的维持，旋律记忆就会变成机械记忆。正是由于听觉思维的存在，旋律记忆才能从感性认识上升到理性认识，它们之间是相辅相成的关系。

（2）主调旋律听辨。

单声部旋律听写是将单旋律的音高、节拍和节奏综合起来。听写就是将音乐的构成、规律和特点，如重复、模进及感受到的节奏型，同视觉的表示法联系起来，形成清晰的听觉印象，并尽快以乐谱的形式将材料的各个部分用记谱法记录下来。

在进行单声部旋律听写前，教师要求学生具备对音乐各种因素的理解能力和较强的音乐记忆力，拥有鲜明的节奏感、明确的调式以及记谱方面的知识，这样才能完整地做好听写练习。

此外，为了强化学生的记谱技能，教师可以让他们将听写后的正确旋律进行移调记谱练习。例如，将 G 调的旋律移调到 F 调、D 调等其他调上，也可以将高音谱表上的旋律移到低音谱表上，或将低音谱表上的旋律移到高音谱表上。通过这些练习来训练同一旋律在不同调高、不同谱表上的记谱技能。

（3）复调旋律听辨。

听记二声部应在听记旋律、和声音程及二部视唱的基础上进行。对于和声性的二声部曲调，可以先记任一个声部，或者同时记两个声部。对于复调性的二声部曲调，一般先记高声部，再记低声部。当一个声部的音保持不变而另一个声部的音在移动时，应先记音在移动的声部。

对于对听记二声部感到特别困难的学习者，可以让他们在一定时期内从低声部开始记谱，并要求他们将全部注意力集中在低声部的记谱上。在能够听出低声部后，默唱高声部。经过一段时间的努力，这种情况可能会有所改善。

用五线谱听记二声部时，对于两声部之间音程距离较窄的曲调，可用一行谱记谱。在用一行谱记二声部曲调时，高声部的符干一律向上，低声部的符干一律向下。

对于两声部之间音程距离较宽的曲调，应用大谱表记谱。在用大谱表记谱时，各线间位置上的符干是向上还是向下，应遵循规范化书写的原则。

## 三、声乐教学法

### （一）声乐的起源

关于歌唱的起源有多种说法，其中最被认可的是其起源于人类的劳动生活。歌唱不仅是原始社会劳动生活交流的产物，更是原始人类初始语言外延发展的产物。中国自古就流传着许多关于远古歌唱的传说。相传五帝时期的《弹歌》："断竹，续竹；飞土，逐宾。"这简短的八个字反映了远古先民狩猎生活的场景，也透露出远古歌曲的某些声乐特征，属于最初阶段的原始民歌。

在上古时期，音乐、舞蹈、诗歌起初是三位一体的艺术形式。经过千百年社会历史的演变和文化艺术的发展，它们才逐渐分离成为独立的艺术形式。

到奴隶社会之后，音乐舞蹈已经十分盛行。春秋战国时期，除了有大量的民歌等音乐艺术形式持续涌现之外，乐舞艺术也在这个时期开始出现。在原始的乐舞——巫风舞中，声乐表演的形式更多情况下是以几个人一起演唱的集体化妆表演为主。歌唱本身和歌者的舞蹈都已经成为乐舞表现的重要手段，这两个方面是非常重要的。

《诗经》是中国历史上最早记载与声乐有关的文献，也是我国古代民歌的集成。这充分说明了中国的声乐艺术从《诗经》开始，就已经从单一的"乐舞"

形式中发展出来了。

到了先秦时期，声乐理论才最终以散论的形式呈现于各种典籍中，如春秋战国时期就出现了系统阐述声乐艺术的专著——《乐记》，其中记载的演唱唱腔要求至今仍是艺术实践界的重要指导典范。但这个时期的声乐艺术虽然注重音色与发声，却在一定程度上忽视了声情结合。这使得这一时代的声乐艺术尽管十分恢宏，但缺少了美感与情感。

## （二）声乐教学中教师与学生的关系处理

### 1. 教师的责任

除了在歌唱技巧及歌曲情感表现上对学生进行有效的指导外，声乐教师还必须在学生的专业目标及心理情绪上给予可行建议和辅导。最重要的是使学生能够独立掌握声乐技巧，并获得自我激励，保持积极向上的态度。更具体地说，高效率的教师往往指导学生制定切实可行的目标和期望，适当地提出建设性意见，关心学生在生活上遇到的困难，在课堂上专注于学生的需求，设法营造一个健康、整洁和令人舒心的授课环境。师德高尚的教师有四"不为"：不对其他学生或同事进行负面评论；不只收条件好的学生而拒收普通的学生；不在心理上虐待学生；不滥用学生为自己谋取私利。

### 2. 学生的责任

学生必须尊重教师、尊重知识。此外，还要善于接受教师的教学指导，勤奋练习，完成教师布置的作业并达到预期目标。但仅仅响应教师的指导是不够的，学生在学习过程中还应该表现出主动性，如阐述个人目标，提供相关的背景资料，表明自己的问题，向教师提问，并在需要帮助时大胆寻求援助。声乐课也是"展示和说明"课，上课时学生有机会展示他们在前一个星期学到的知识（通常我们说"回课"）。这个道理同样适用于大课，背景调查、练习和预习等可以让学生为更有意义的课堂讨论做好准备。当然，学生在处理与教师和同学的关系时，也应遵循道德准则，克制自己不对他人指手画脚、评头论足，或怂恿其他学生更换声乐教师。另外，教师对学生的善意、赞美和感谢的反应，学生应有所意识。如何终止教师与学生之间的师生关系是一个极其敏感的问题，必须妥善处理。当师生关系因种种原因变得紧张时，双方应进行反思并重新评估。通常，当学生觉得在声乐上无法取得进展时，便会考虑更换教师，前提是学生已跟随该教师学习至少一年。为了保持相互尊重，教师和学生应尽可能以积极的方式终止师生关系。在理想情况下，关系的终止应以坦诚的态度，通过开诚布公的交谈来寻求合理的解决办法。

3．教师与学生的互动

教师与学生的互动方法是指教师在教学过程中需要与学生进行交流与沟通。通过与学生交流，教师可以了解学生的学习进度，促进学生主动学习新知识、巩固旧知识。例如，当教师讲到声音"靠前、靠后"的问题时，可以先问学生"什么是'靠前'，什么是'靠后'？哪里是声音的通道？哪里是发声的支点？它们之间有什么相互作用？"等问题。无论学生的回答正确与否，这种问答方式都能加深学生对该问题的印象，而印象深该就会使学生记得牢固。

当学生唱错时，教师可以让学生用正确的方式多练习几遍，并预先告知他唱完后必须将自己的感受告诉教师。通常经过这样的问答学习后，学生都能够回答出自己唱对或唱错的原因。这是因为学生为了准确地将发声中对或错的感受及原因告诉教师，必须在思考和分析中进行歌唱，而这正是声乐教育者应达到的教学目标。

### （三）声乐教学中母音转换训练

1．母音转换训练对呼吸控制的提升

（1）呼吸—歌唱。将双手放在腹部，保持正确的姿势，然后放松，以一种夸张地喘气的方式来完成接下来的练习（呼吸—向外运动；歌唱—向内运动）。以适当的音高和适中的慢拍子进行这项练习，先加入装饰音进行练习，然后去掉装饰音进行练习。

（2）气息连接控制。张开双手，并将其放在中下腹部的位置，选择需要足够气息支撑的声曲或歌曲中的乐句进行演唱练习。感受吸气时腹部向外的动作以及演唱时腹部向内向上的动作。如果需要，可以用手来帮助"连接"呼吸。如果在演唱过程中，随着呼气能感觉到一种拉扯或吸吮，那就很好地表明了气流是自由流动的。一开始，感到需要很多气息是非常正常的。随着发声技巧的日益熟练和达到平衡协调，这种感觉会逐渐改变。在任何情况下，都要避免在呼气时用力向下或向外推。

**2. 母音转换训练对歌唱活力的提升**

（1）音准。唱歌跑调的人往往被认为音准较差。音准能力是指能够准确唱出曲调的能力，或依靠良好的听力来调整音高。当声音经过适当的协调后，便会产生准确的音高。温纳德提醒我们，歌唱者调节共鸣器官基本频率的能力在很大程度上影响着他们的音准，这有助于解释为什么有些人虽然音乐听力很好，但由于歌唱技巧不足，容易出现跑调的现象。

尽管人们认为唱歌跑调是由于听觉错误造成的，但实际上，唱得偏低或偏高是由于发声过程中的各种要素（如呼吸、发声、声音位置、共鸣和吐字发音等）出现了问题。这通常难以进行详细诊断。例如，音高偏低通常是缺乏能量（气流）或声带未能适当调整所造成的，但也可能是因为过度用力或舌根紧张，使歌唱的声音过重或过暗。音音偏高可能是未使用足够的声带收缩或推动力，导致过多气流穿过声带。这是一种压力过大的发声方式，以这种方式歌唱，声音刺耳、缺乏穿透力。

（2）颤音。颤音被定义为可以听见的、有规律地振动或波动的单音，其波动间距不超过半音或全音的四分之三。这样的音高变化通常被耳朵感知为具有某种特征的音质，而不是音高误差。

颤音有两个特征：第一，运动速度——每秒钟颤音的波动次数；第二，波动范围——颤音振动时，上升和下降的波动幅度。通常情况下，歌唱所需的声带颤音的频率在每秒钟 4.5 ～ 6.5 赫兹。当歌唱者在力度上进行渐强演唱时，颤音频率会随着声音强度的增加而上升；当音高上升以及歌唱者的兴奋程度增加时，颤音频率也会增大。此外，颤音模式的审美往往随着时代的变化而变化。例如，早期的合唱歌者演唱时发出的颤音较少，而 20 世纪初的歌剧演员喜欢使用快速的颤音模式。

从解剖学的角度来看，颤音是稳定的、4～7赫兹的生理性颤动，是喉肌神经激活和喉肌运动放松的结果。当神经信号传递推动力使喉肌产生交替倾向时，颤音便产生了。它造成了肌肉之间运动的交替：一个放松（主动肌），另一个收缩（对抗肌）。这种神经能量使呼吸肌的活动与横膈膜、共鸣腔和喉软骨的活动结合在一起。作为这些活动共同作用的结果，颤音与音高、音色、气流、神经能量或情感强度等因素密切相关。

每秒钟超过7.5赫兹或低于5.5赫兹的脉冲都属于非正常的颤音模式。任何频率快于每秒7.5赫兹的脉冲都会导致令人紧张的颤音（类似于小羊"咩咩"的叫声），这通常是过度控制声带肌肉造成的。

每秒钟低于5.5赫兹的脉冲振动频率也属于非正常的颤音模式，被称为"摇摆音"或"抖动音"，通常是声音的负担过重，或者是为了制造一种虚假的颤音而使腹部肌肉产生瞬间波动所引起的。

非正常的颤音和摇摆音的出现表明发声过程出现了障碍。不规则的颤音模式至少由以下三个因素共同造成，当然，也可能由其中的某一个因素所引起：第一，心理状态，如情绪激动或抑郁。第二，身体健康状况，包括声带疲劳、全身性疲劳、神经系统紊乱和声带损伤等。第三，技术问题以及肌肉活动的亢进或衰退。

关于颤抖的舌头和下颌与颤音模式之间的联系，是一个值得关注的教学问题。尽管人们普遍认为下颌的摇晃会分散观众的注意力，但我们仍能观察到一些专业歌唱者，尤其是女性歌唱者，在实际演唱时会出现这种情况。目前，还没有足够的资料能解释舌头和下颌颤抖的关系。但声乐教师一旦发现学生在歌唱时下颌出现异常行为，就必须立即采取措施，努力帮助他们减少或消除发声器官肌肉的潜在紧张感。

缺乏颤音的声音通常被称为气声过重、枯燥无味、单调、发散或喊叫般的声音。对此现象的解释是：喉内肌的紧张导致了歌唱机能的僵硬和静止，而歌唱机能的放松和灵活是发出正常颤音的必要条件。在每次演唱时，歌唱者通常在刚开始时不加入颤音，而是在音唱出来后才加入颤音。古典美声歌曲和流行歌曲的演唱者，特别是演唱德国艺术歌曲和瓦格纳歌剧的歌唱者，以及喜欢用低沉声音演唱流行音乐的歌手，都偏爱这种演唱方法。尽管这种方法有助于表达音乐情感，但过度使用会减弱效果。

独唱和合唱应有限制地使用直声，只能在特定情况下为达到某种特殊声乐效果而使用。尽管如此，许多合唱指挥仍然相信直声歌唱能够帮助实现理想的合唱音效。过度使用直声会妨碍年轻歌唱者声音的发展，因此，声乐教师与合唱指挥之间可能会产生冲突。令人欣慰的是，如今的合唱指挥已认识到高效、饱满、健康的声音，一旦与颤音结合，便会产生更好的合唱效果，声音更真实、更平衡、更具力度。

学生应避免为满足个人喜好而随意使用颤音模式。根据有效发声的原则，歌唱者只能在适当条件下的良好歌唱状态中使用自然的颤音模式。

（3）灵活性。歌唱中的灵活性取决于歌唱者能否敏捷、快速地处理和表现音乐，包括音程之间的大跳、花腔音阶和乐句，以及力度的变化等。灵活的歌唱声音需要始终保持弹性和柔软的肌肉感觉，以防止潜在的肌肉紧张。

声音灵活的一个特点是颤音唱法。颤音通常指两个音（通常是大二度或小二度）之间的快速交替。我们可以把这种颤音方式视作一种夸张的表现。颤音的演唱是一种无意识的行为，只有在开始和结束时，我们才有意识地对其进行控制。学生们应学习颤音这种演唱技巧，以培养自己声乐演唱技能的灵活性。

快速、灵活且准确地演唱花腔乐句需要发声机能的彻底放松。在以较慢的速度演唱音阶时，学生应能感受到腹部肌肉的工作。相反，用较快的速度演唱音阶时，学生应能感到足够的、持续稳定地使声音自由游动的气息。此时，喉头几乎无意识地颤动着，有点类似于咯咯发笑的感觉。为了能够准确地演唱花腔乐句，我们在进行稳定的呼吸时就要考虑元音和音高。虽然在每一个音符上发出［h］音的做法可能对初学者有益，但中高级程度的学生应该尽量避免使用［h］音。

（4）持续音。持续音指的是声音的持续性，它依赖于呼吸、共鸣、发声和发音的协调。尽管节拍的运用在流行音乐，尤其是摇滚乐中非常普遍，但年轻的歌唱者仍然对节拍感到困惑。学生常常将节拍与节奏混为一谈，而节奏是能够使乐谱充满活力的音乐元素。在声乐教学中，教师一定要注意这种常见的"困惑"。帮助学生掌握持续音是声乐教学的重要任务之一。

唱好持续音的一个主要目标，是在声音放松的情况下找到能量被充分使用的微妙平衡。当歌唱者演唱上行的音高并进入高潮的乐段时，往往容易唱得过度。相反，当高潮退去、音高下降时，歌唱者可能因过于放松而导致乐句的微弱结束。因此，歌唱者的目标是在演唱时关注结束时的音符，保持整个乐句的完整，在思想上和体力上都要保持专注，不可犹豫。

练习时，歌唱者可以从中声区比较舒适的音高开始，然后逐渐升高或降低，通过在不同音高上的练习来拓展自己的音域。先以适度的速度练习，当肌肉和声音得到控制后，再逐渐放慢速度。

持续音的基础是连音——也就是衔接好每一个音素的音符。歌唱者在用连音风格演唱时，通常以平稳、流畅的方式延长元音，并清晰地发出辅音。但关于如何获得最佳的连音唱法，声乐专家们意见不一。歌唱者首先应注重发出最佳的声音，其次关注对细节的诠释，是歌声塑造了乐句，而不是复杂的心理波动等因素。持续的歌声会自然地"移动"乐句并赋予乐句"方向感"。相反，有意识地构建乐句的轮廓，并细微地雕刻它，可能会破坏所要塑造的乐句，无法达到歌唱者所期望的效果。当歌唱者最大程度地依赖自由流动的声音时，成功塑造乐句的可能性就更大。将歌声本身视为表达的媒介，音乐和歌词的表现便能随着美妙的声音达到最佳效果。

## 四、器乐教学法

### （一）作为艺术实践的器乐演奏

艺术教育是美育的重要组成部分。在艺术教育中，实施审美教育可以通过鉴赏提升审美认知，并通过艺术教育激发创造美的能力。艺术教育的途径是多样的，除了课堂教学外，课外兴趣小组活动也是艺术教师对学生进行美育教育和培养艺术人才的重要途径之一。

在我国，许多学校已在音乐教学中增加了器乐教学，这进一步调动了学生学习音乐的积极性，丰富了音乐教学的内容。器乐教学也是学生学习音乐并从事艺术实践的有效手段。

首先，音乐之美在于其声音的艺术性。音乐通过艺术化的声音组合来展现美感。乐器演奏出的声音是一种艺术的声音，它既不同于自然界的日常音响，也不同于人的语言音调和歌声。例如，口琴的清脆明亮，竖笛的自然柔和，电子琴的时代特征，二胡的柔美情感，小提琴的秀美清纯，以及其他管乐的独特音色，无一不让学生感受到乐声的美妙。

其次，音乐之美还体现在标题音乐中。标题音乐通常与某种主题内容、内心情感、自然景象或戏剧情节相关，有些取材于现实生活，有些则取材于文学作品和戏剧作品。其主要特征是情景交融、以情感为主导；而描绘性的美反映了大自然和现实生活中的丰富多彩，为人们带来了生动的感受。

最后，音乐之美也体现在无标题音乐中。许多器乐曲没有标题，完全通过音乐自身的手段进行艺术表达。其美在于纯粹的抒情性，将人的内心情感世界作为表现对象，抒情构成了无标题音乐美的基本特征。无标题音乐的美还严格遵循音乐形式美的规律，将情感表现与音乐形式和谐地统一起来，从而展现出更为严整和纯净的音乐美。

## （二）器乐教学中需要注意的问题

学习演奏乐器的本质是在音乐活动中进行音乐新发现的过程。学习乐器为学生提供了体验独特且令人愉悦的音乐效果的可能性。对于学生来说，乐器应该是自我表达、创造美感的一个极好的机会。

第一，不要将学习乐器视为一个机械的学习过程，而应将其与学习音乐相结合。若以牺牲兴趣和感染力为代价，用机械的方式学习，则只能获得表面的成功。当学生听到某种乐器发出令人兴奋的美妙音效，并开始学习这种乐器时，这将为他们带来生动的感受，激发他们学习音乐的意志。在器乐学习过程中，学生会遇到许多困难，但他们若有创造音乐、享受音乐美感的愿望，就会产生学习的兴趣和克服困难的精神。器乐教学和音乐欣赏教学应当相互结合。我们必须选择适合学生接受能力的优秀练习曲和乐曲。当学生听完一首乐曲后，只有产生喜爱之情，并希望演奏自己喜爱的乐曲，他们才能在学习乐器演奏的过程中，努力克服演奏技巧上的难点，追求乐器演奏的整体表现，追求音质、强弱和力度上的表现。

第二，器乐教学必须与歌唱教学相结合。新的器乐作品应以乐句为单位进行学习，并结合看谱与背谱的方法。在弹奏之前，应先仔细聆听乐曲并学会演唱。对音乐旋律的理解和对音乐节奏的掌握应当在演唱乐曲时培养。如果学生具备良好的旋律感和节奏感，演奏乐曲时就会容易得多。此外，乐谱的学习也是在歌唱过程中发展的，然后应用到乐曲学习中。

第三，学习乐器演奏的技巧必须通过音乐进行。演奏乐曲是为了表现音乐。比如，学生为了追求乐器美好的音质和乐音强弱的变化，就必须刻苦地练习乐器演奏技巧。

### （三）感受式器乐教学法

#### 1. 感受式器乐教学法的内容

感受式器乐教学法是一种简单有趣、易学易懂、循序渐进、综合的教学方式，适用于所有学生。为了培养学生对音乐的兴趣和爱好，感受式器乐教学法主要从情感、规律以及技巧方面确定教学内容和训练方法。这种方法寓教于乐，使学生的学习与日常生活紧密相连，让每个喜欢音乐、学习乐器的人都能更快地投入到学习中，不会半途而废。

#### 2. 感受式器乐教学方法

每一种教学方法的实施途径都会因人而异，感受式器乐教学方法同样如此，其实施方法多种多样，但具体而言，需注意以下几点：第一，新事物的学习通常是从听到说，再到模仿，最终上手具体操作。学习乐器也是如此。许多学生因条件限制，无法随时随地练习器乐，但这并不意味着只能在课堂上进行学习和演奏。应充分利用课下时间多听，即对熟悉的音乐作品进行聆听和鉴赏，力求能够分辨出曲谱上的乐句和简单完整的段落；多想，即在掌握基础音乐知识的同时，记忆乐器的演奏技巧和指法；多看，即在多听多想的基础上，通过亲自演奏乐器，了解乐器的构造以及每个音色特点，以提高自己的音乐素养；多写，即在学习过程中做一些随堂笔记，记录自己对学习的看法和心得体会。做到多听、多想、多看以及多写，打好基础，真正进入感受式器乐教学法的学习。第二，感受式器乐教学方法的重点在于"感受"二字。这种教学方法寓教于乐，让学生在轻松愉悦的学习氛围中更好地获取知识。当然，这里的愉悦并不是玩耍，而是相关的专业人士以培养学生的兴趣为目标，不断探索和更新感受式器乐教学法。第三，感受式器乐教学法可以与日常生活中地其他艺术形式相结合，使学生更好地体验这种教学方式的乐趣。

要想成功，就必须付出相应的努力。因此，如果真正热爱音乐，就应该不分时间、不分地点地学习和练习，投入最大的热情，做到真正意义上的"曲不离口"。即使许多学生无法经常携带乐器，也要保持学习和练习的连续性。学生对乐器的学习和掌握，除了需要自身刻苦勤奋外，也需要家长、学校和社会的支持。家长应投入金钱和关注，学校应完善教学方式，使其更加适应各个阶段的孩子。社会则需要给予鼓励和赞美，以增强孩子的自信心。

### 3. 感受式教学法实施的前提条件

感受式教学方法的顺利实施需要几个前提条件：第一，在学校中，音乐教学应有配套的教科书和独特的教学方式。因此，要推行这种寓教于乐的教学方法，就要妥善处理与学校现有教学方式和教科书的关系，实现有效结合，从而科学地进行教学。第二，很多有条件的家长会给孩子报名参加课外兴趣班。虽然这能够提高孩子在技能方面的知识水平，但过多地占用孩子的课余时间可能会引发逆反心理和厌学情绪。因此，家长应多关注这方面的问题。第三，教学使用的乐器与传统乐器存在一定区别，因此，音乐学习者，尤其是初学者，选择适合自己的乐器非常重要。

# 第五章　音乐教育的创新发展

## 第一节　音乐教育课程的创新发展

在探讨高校音乐教育课程的创新发展时，我们需要先明确教学大纲和课程指南的制定目的——有效地整合和学生的学习经验，使他们能够更深入地理解音乐艺术的本质。基于这一目标，我们将从高校音乐教育的具体目标出发，综合探讨音乐课程的开发与创新。

### 一、高校音乐教育课程内容的创新发展

#### （一）课程概述

尽管"课程"一词在中国古代文献中未直接出现，但相关的教育思想早在战国时期的《学记》中已有记载，这可以视为世界上课程设置理念的雏形。随着历史的发展，"课程"一词在唐代首次出现，并在宋代朱熹的《朱子全书·论学》中得到了进一步阐释。但这些早期的"课程"定义更侧重于学习内容的安排和次序，与我们今天理解的课程含义有所不同。

在西方，"课程"（Curriculum）一词源于拉丁语，原意为"跑道"，后来引申为"学习的进程"。这一理念强调了学习的动态性和过程性，与我们现在倡导的以学生为中心、关注学习过程的教育理念相契合。

在高等教育阶段，音乐课程的创新发展应借鉴中西方对"课程"理解的共通之处，即关注学生的学习范围、进程和持续时间。结合高校的教学结构模式，我们可以从以下几个方面入手进行音乐课程的创新：

（1）整合多元音乐文化：将世界各地的音乐文化融入课程，让学生领略不同音乐风格的魅力，拓宽其音乐视野。

（2）强化实践与互动：增加学生实践演奏、创作和表演的机会，通过小组合作、集体排练等形式，培养学生的团队协作能力和音乐表现力。

（3）注重音乐与技术的结合：利用现代科技手段，如数字音乐制作和虚拟现实等，创新音乐教学方式，激发学生的学习兴趣和创造力。

（4）关联其他学科：将音乐与其他学科，如历史、文化和科学等相结合，通过跨学科的学习活动，加深学生对音乐艺术深层含义的理解。

## （二）课程与音乐课程

### 1．两者的联系

在教育的演进过程中，课程的概念逐渐从单一的教学计划扩展到更为广泛的领域。如今，广义的课程不仅涵盖学科内容，还涉及学生的经验、符号表征、文本等多种内涵。这一转变对音乐课程产生了深远的影响。高校音乐课程作为这一广义课程框架的一部分，同样体现了这种多样性和丰富性。它不仅是音乐知识和技能的传授，还是学生审美、文化、实践等多方面能力培养的重要载体。

### 2．音乐课程的基本问题

（1）课程性质。

a 审美性：高校音乐课程通过让学生感受、鉴赏和创造音乐之美，培养他们的审美能力。这不仅符合我国的教育和文化传统，更有助于学生个性的发展和创新意识的激发。

b 人文性：音乐是文化的重要组成部分。高校音乐课程通过介绍不同国家、民族和时代的音乐作品，让学生感受音乐的文化内涵，从而加深对多元文化的理解和尊重。

c 实践性：高校音乐课程强调学生的亲身参与和实践。通过演唱、演奏、创作等活动，学生可以获得直接的音乐经验，提升音乐技能和素养。

（2）课程目标。

课程的基本问题是课程目标，它是课程及课程实施的出发点和依据，反映课程的价值取向，对课程的设计、开发、实施、评价等具有指导意义。

高校音乐课程的目标是培养学生的音乐素养，包括认知、情感和行为三个方面。具体来说，认知目标要求学生掌握基本的音乐知识和技能；情感目标则着重于培养学生的音乐兴趣和爱好，以及对音乐的积极态度和价值观；行为目标则鼓励学生通过音乐实践来提升自己的音乐表现能力和解决问题的能力。

为了实现这些目标，高校音乐课程需要精心设计、开发和实施。课程目标既要体现国家的教育方针和学校的培养目标，又要考虑学生的发展需求和兴趣特点。同时，课程目标还应具有层次性和整体性，以适应不同学生的发展水平和学习需求。

此外，高校音乐课程的目标还应具有预设性与生成性的统一特点。一方面，课程目标需要提前预设，以明确教学方向和重点。另一方面，课程目标也应具有一定的灵活性，以适应学生在学习过程中可能出现的差异和发展变化。这种预设性与生成性的统一体现了课程实施者的智慧和教学策略的多样性。

（3）课程理念。

a 提高音乐审美，激发学习热情。在高校音乐教学中，我们强调音乐的审美体验，让学生通过欣赏不同的音乐作品，感受音乐的美，培养对音乐的兴趣和爱好。通过深入剖析各类音乐作品的内在美感和人文内涵，学生能够在音乐的世界中畅游，领略音乐艺术的魅力。同时，我们鼓励学生从多样化的音乐风格中汲取灵感，提高自身的音乐素养和审美能力。

为了激发学生的学习兴趣，我们结合学生的心理特点和兴趣爱好，设计富有挑战性和趣味性的音乐教学活动。学生亲身参与音乐创作、演奏和表演，能够在实践中感受音乐的魅力，提升对音乐学习的热情。

b 突显音乐特性，促进学科交融。高校音乐教学应强调音乐的独特性，即它是一种通过声音传达情感和意象的艺术形式。我们应让学生通过聆听和感受音乐，理解音乐的时间性、表演性和情感性等特点。在教学过程中，我们注重引导学生通过音乐想象和联想，拓展思维空间，提升创造力。

同时，我们倡导音乐与其他学科的交融。通过与历史、文学、美术等学科的结合，学生可以在更广阔的视野中理解音乐的内涵和价值。这种跨学科的学习方式不仅有助于提升学生的综合素养，还能培养他们的创新思维和解决问题的能力。

c 强化音乐实践，鼓励创新思维。在高校音乐教学中，我们注重学生的音乐实践。通过组织丰富的音乐活动，如合唱团、乐队演奏、音乐剧表演等，学生可以亲身参与音乐的创作和表演过程。这些实践活动不仅能提升学生的音乐技能，还能培养他们的团队合作精神和创新能力。

我们鼓励学生在音乐实践中发挥创新思维，尝试不同的音乐风格和表现形式。通过教师的引导和同伴间的交流合作，学生在音乐创作与表演中不断探索和突破自我，实现个性化发展。

④传承民族音乐，领略文化多样性。高校音乐教学应承担传承民族音乐文化的重要任务。我们将我国各民族的优秀传统音乐作品纳入教学内容，使学生通过学习和演唱民族音乐，感受其独特的韵律和美感。这不仅有助于培养学生的民族自豪感和爱国主义情怀，还能使他们更好地理解和传承民族文化。

同时，我们引导学生领略音乐文化的多样性。介绍世界各地的音乐风格和特色，让学生开阔视野，理解并尊重不同民族的音乐文化。这种跨文化的学习体验有助于培养学生的国际视野和多元文化意识。

## （三）音乐课程的内容

### 1. 乐音体系

（1）音的属性。

a 音色（Timbre）：音色是由发声体的性质、形状和泛音结构决定的，它赋予每个声音独特的"色彩"。在音乐教学中，通过比较不同乐器和声音的音色，帮助学生理解音色的概念。

b 音高（Pitch）：音高与发声体的振动频率有关。频率越高，音高越高；频率越低，音高越低。在音乐理论中，音高是构建旋律和和声的基础。

c 音强（Dynamics）：音强反映了声音的响度，其与振动的幅度有关。在高校音乐教学中，通过练习不同的音量控制，学生可以学习如何表达音乐的情感和力度。

**d** 音长（Duration）：音长是声音持续的时间长度。在音乐作品中，音长的长短会影响节奏和旋律的流畅性。

（2）音乐的基本元素。

乐音是有规律的振动，噪音则是不规律的振动。在教学中，通过区分乐音和噪音，学生可以更好地理解声音的性质。

（3）音列与音级。

**a** 音列（Scale）：音列是按照音高顺序排列的音的序列。在西方音乐中，最常见的音列是十二平均律，由十二个半音组成。

**b** 半音与全音：半音是音列中最小的音高间隔，而全音由两个半音组成。在钢琴键盘上，相邻的键构成半音关系，相隔的键构成全音关系。

（4）音的表示方法。

**a** 唱名（Syllable Names）：唱名是 do、re、mi、fa、sol、la、si，用于视唱练习和音乐记忆，如图 5-1 所示。

**b** 音名（Note Names）：音名使用英文字母 C、D、E、F、G、A、B 表示，每个音名对应特定的音高，如图 5-2 所示。

**c** 变音号（Accidentals）：变音号包括升号、降号、还原号、重升号、重降号，用于表示音的升高或降低。

基本音级是音乐中具有固定名称的音级，变化音级则是通过升高或降低基本音级得到的音级。

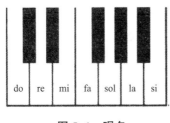

图 5-1　唱名

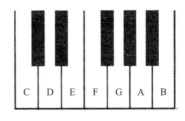

图 5-2 音名

（5）五线谱与音符基础。

五线谱是音乐的基础记谱方式，由五条平行线组成，我们称其为第一线、第二线、第三线、第四线和第五线。线与线之间的空间称为"间",包括第一间、第二间、第三间和第四间。在五线谱中,每一条线和每一个间都代表一个特定的音高。当表示的音高超出五线谱的范围时,可以通过在上方或下方增加额外的线来扩展音域,这些额外的线称为上加线或下加线,它们之间的空间则称为上加间或下加间。

音符是在五线谱中记录音高和时值的符号。一个完整的音符包括符头、符干和符尾三个部分。不同的时值音符在五线谱中有不同的写法和表示方式。符干的方向通常根据符头在第三线的位置来确定(如果符头在第三线以上,符干朝下;如果符头在第三线以下,符干则朝上)。

在记录变音符号时,需要注意变音符号必须与音符的符头对齐。也就是说,如果符头位于线上,变音符号的中心也应该在线上。

(6)音的分组与命名。

在钢琴的 52 个白键上,7 个基本音级是循环使用的。因此,在音列中会出现许多同名但音高不同的音。为了便于区分这些音,我们将音列划分为多个小组,每组包含 7 个基本音级和 5 个变化音级。位于音列中央的一组音,我们使用小写字母加数字 1 来表示,如 c1、d1、e1 等,这一组被称为小字一组。高于小字一组的音组依次被称为小字二组、小字三组等,低于小字一组的则依次被称为小字组、大字组、大字一组等。

(7)谱号的种类与用途。

谱号是五线谱中用于确定音名位置的符号。常用的谱号有三种:高音谱号、中音谱号和低音谱号。高音谱号,又称 G 谱号,起源于拉丁字母 G 的变形,它表示第二线上的音是 G 音。中音谱号,又称 C 谱号,根据凹口对准的线的不同,可分为五种类型。低音谱号,又称 F 谱号,起源于拉丁字母 F 的变形,它表示第四线上的音是 F 音。在绘制中音谱号时,凹口对准的那条线就是 C 音所在的位置。

(8)音符时值与附点、延音线。

在五线谱中,不同时值的音符和休止符代表了不同的拍数。例如,在四分音符为一拍的情况下,全音符代表四拍,四分音符代表一拍,二分音符代表两拍，八分音符代表半拍。当多个相同时值的音符连续出现时，可以使用符尾连接来简化记谱。

附点是加在音符或休止符后面的一个小点，表示延长该音符或休止符时值的一半。如果加两个附点，则称为双附点或复附点，表示在原有基础上再延长四分之一的时值。延音线用于连接两个相邻且音高相同的音符，表示这两个音符的时值应相加计算，即只演奏或演唱一次，但时值等于两个音符时值的总和。延长线可以写在符头的上方或下方，表示根据乐曲需要自由延长该音符的时值。

2．节奏与节拍在音乐中的基础作用

首先，我们来谈谈节奏。音乐的骨架是由不同音高的音符组合而成的，但仅有音符并不足以构成完整的音乐。节奏为音乐注入了生命力和动力，它推动着音乐的进行，并赋予音乐独特的律动感。音符的长短变化产生了不同的节奏，进而塑造出音乐的各种性格。

在音乐中，我们会遇到各种节奏型。例如，"前八后十六"指的是前面有一个八分音符（占据半拍），后面紧跟两个十六分音符（各占四分之一拍），整体构成一拍。"前十六后八"则是前面有两个十六分音符，后面跟一个八分音符，同样构成一拍。切分节奏则是一种特殊的节奏形式，其中中间的音符时值是两边音符时值的一半。

此外，附点节奏是一种常见的节奏形式，它表示前面的音符时值占据总时值的四分之三，而后面的音符占据四分之一。后附点节奏则与其相反。

其次，我们讨论节拍。节拍是音乐中的基本时间单位，它决定了音乐的节奏感和强弱规律。拍号是用来表示节拍和拍子单位的记号，通常写在谱号的后面。拍号由两个数字组成，上面的数字表示每小节的拍数，下面的数字表示每拍的时值。

单拍子是指每个小节只有一个强拍的节拍形式。二拍子如 2/2、2/4 和 2/8 等，每小节有两拍，第一拍为强拍，第二拍为弱拍。三拍子如 3/2、3/4 和 3/8 等，则每小节有三拍，其中第一拍为强拍，后两拍为弱拍。

复拍子由两个或更多的相同单拍子组成，每小节包含两个或更多的强拍。

常见的复拍子有四拍子、六拍子等。混合拍子则由不同的单拍子组合而成，每小节同样有两个或更多的强拍，常见的有五拍子、七拍子等。

在音乐学习中，理解并掌握这些节奏与节拍的概念对于提高学生的音乐素养和演奏技巧至关重要。通过练习和感受不同的节奏与节拍，学生可以更好地把握音乐的韵律和风格，从而更深入地理解和欣赏音乐的美。

3. 音程与和弦的基础知识

（1）音程：音程描述的是两个音之间的高低关系。如果两个音先后发出，则称为旋律音程；如果同时发出，则称为和声音程。在和声音程中，较低的音是根音，而较高的音是冠音。

（2）和弦：和弦是由三个或更多音组合而成的，它包含多种音程关系。当我们按照三度关系堆叠音符时，得到的和弦称为原位三和弦。在这个和弦中，最下面的音是根音，它是和弦的基础；根音上方的第三个音是三音，第五个音是五音。因此，原位三和弦的音符从下到上排列为根音、三音和五音，分别用1、3、5来表示。

4. 旋律的简介

简单来说，旋律就是一系列音符组成的音乐线条。在音乐中，旋律可以单独呈现，如独唱或独奏，也可以在和声中出现。有时，一首曲子会分成高声部和低声部，如在主调音乐中，高声部是主旋律，低声部则起衬托作用。与此相对，复调音乐则有两个或更多独立的旋律线同时进行。

5. 调式与调性的基础

调式是由若干个音按照特定关系组织起来的音体系，其中一个音作为核心。不同的调式会带来不同的音乐感受。例如，有些乐曲可能采用五声调式，而有些采用大小调式。调性则描述了调式的特性和规律，它决定了音乐的整体氛围和情感。

（1）大调式：它的组织基础是三和弦的功能关系，给人一种明亮、开阔的感觉。

（2）小调式：与大调式相比，小调式给人一种柔和、细腻的感觉。其中，自然小调与和声小调都是小调式的变种。

6．装饰音与其他音乐记号

（1）装饰音：为了增强音乐的表现力，除了主旋律外，作曲者还会加入一些小的音符或记号，这些就是装饰音。它们为音乐增添了色彩和层次感。

（2）省略记号：在复杂的音乐作品中，为了简化记谱，会使用各种省略记号。例如，当某一部分音乐重复出现时，可以使用反复记号；当某一音型或小节重复时，可以使用同音型反复记号等。这些记号帮助我们更高效地阅读和演奏音乐。

## 二、高校音乐教育课程教材的创新与发展

### （一）音乐教材的建设与高校音乐教学

1．针对大学生的音乐教材编写

在大学阶段，大学生的音乐素养和审美能力已经具备一定的基础，因此，音乐教材的编写应更加注重深度与广度。教材应从音乐的历史、文化、技巧和情感表达等多个维度进行分析，以满足大学生对音乐学习的多元化需求。

（1）维度与层次：教材应从思想品德与文化内涵、音乐知识与技巧、学生认知与心理发展、编排艺术与教学方法等四个方面进行综合考虑，确保教材内容既符合大学生的认知水平，又能促进其全面发展。

（2）指导思想：高校音乐教材应以学生为中心，强调"学习为本"的价值观。教材不仅要帮助学生掌握音乐知识和技能，还要引导他们深入理解音乐的内涵，培养他们对音乐的热爱和鉴赏能力。

2．高校音乐教材编写原则

在编写高校音乐教材时，应遵循以下原则：

（1）以审美为核心：教材应选取具有代表性的音乐作品，以引导学生感受音乐之美，提高他们的审美情趣。

（2）培养能力与兴趣：教材应通过丰富多样的音乐活动和实践，培养学生的音乐创作、表演和鉴赏能力，同时激发他们对音乐的兴趣和热爱。

（3）实践性与开放性：教材应鼓励学生积极参与音乐实践，如演唱、演奏、创作等，并在实践中探索和创新。同时，教材应保持开放性，允许学生根据自己的兴趣和特长进行选择性学习。

3. 建设高校音乐教材的意义

大学生音乐教材的建设不仅关乎学生的音乐教育质量，还对培养他们的审美情趣、文化素养和创新能力具有重要意义。优质的教材能够为学生提供丰富的音乐学习资源，帮助他们在大学阶段打下坚实的音乐基础，为未来的学习和生活增添色彩。

## （二）高校音乐教学中的教材应用

在高校音乐教学中，教师应充分利用教材资源，结合学生的实际情况进行教学设计，通过教材中的音乐作品欣赏、音乐知识讲解、音乐技能训练等环节，全面提升学生的音乐素养。同时，教师还应鼓励学生积极参与各种音乐活动，如合唱团、乐团等，让他们在实践中感受音乐的魅力，培养团队合作精神和创新能力。

总之，高校音乐教育课程教材的创新与发展应紧密结合学生的实际需求和发展规律，注重教材的编写质量与应用效果，为培养具有高素质音乐素养的人才奠定坚实基础。

## （三）高校音乐课程资源的开发与利用

1. 课程资源的定义

课程资源指的是支持课程实施的各种要素和条件，包括人力、物力、时间、地点、环境、设备等。对于高校音乐教育而言，充分开发并利用这些资源，对于提升教学质量和丰富学生的学习体验至关重要。

2. 高校音乐课程资源的开发与利用

（1）教师资源。教师是音乐教育资源中的核心要素。要提升高校音乐教育质量，就必须加强音乐教师队伍建设。这包括加强音乐教师的专业培训，促进教师之间的交流与合作，以及培养教师自主开发课程资源的意识和能力。音乐教师还应建立个人教学资源库，不断丰富和完善教学内容。

（2）学生资源。学生是音乐教育的主体。教师要充分利用学生的个性，因材施教。教师应深入了解学生的家庭背景、社会经历和音乐基础，以便更有效地开展教学。同时，鼓励学生积极参与音乐实践活动，如组建乐队和合唱团等，以培养学生的音乐兴趣和创造力。

（3）课外音乐活动。开展课外音乐活动是丰富学生音乐体验的有效途径。学校可以组织各种形式的音乐社团和兴趣小组，如民族乐队、合唱团和舞蹈团等。这些活动不仅能提高学生的音乐技能水平，还能培养他们的团队合作能力和社交能力。

（4）学校宣传媒体。利用学校的广播站、网站和电视台等宣传媒体，可以有效推广音乐教育。学校可以定期播放高质量的音乐节目，营造良好的音乐氛围。同时，宣传媒体还可以作为展示学生音乐成果的平台，激发学生的音乐创作热情。

（5）教学设施与设备。完善的教学设施和设备是保障音乐教学质量的物质基础。学校应为音乐课配置专门的教室和器材，如钢琴、音响设备和多媒体设施等。这些设施和设备不仅能够满足教学需要，还能改善学生的学习体验。

（6）音乐鉴赏教材。音乐鉴赏教材应充分体现音乐的审美价值，因此要选择经典、优秀且积极向上的音乐作品。同时，教材还应注重多元文化和时代文化的融入，开阔学生的音乐视野。通过音乐鉴赏教学，培养学生的审美情趣和审美能力。

（7）校本课程。结合学校自身条件开发校本课程是丰富学校音乐教学内容的有效途径。校本课程应体现学校的特色和优势，注重学生的实践体验和创新能力培养。同时，学校还应加强校本课程的管理和评估，确保课程的有效实施和质量的持续提升。

在开发校本课程时，学校可以充分利用当地的民族文化传统和人文地理资源，设计具有地域特色的音乐课程。这些课程不仅有助于学生了解当地的音乐文化，还能增强他们的文化认同感和自豪感。同时，校本课程还可以作为学校音乐教育的重要补充，丰富学生的学习体验和提高教学质量。

### （四）高校音乐教材存在的问题及改进措施

高校音乐教育是培养学生音乐素养和审美能力的重要阶段，其教材质量直接关系到教育效果。但是，当前高校音乐教材建设仍存在一些问题，需要引起我们的重视并采取相应措施加以改进。

1. 高校音乐教材存在的问题

（1）教材内容更新缓慢。与国外音乐教材相比，我国高校音乐教材的更新周期较长，导致一些最新的音乐研究成果无法及时纳入教材。这使学生无法接触到最前沿的音乐知识，影响了教学质量。

（2）教材指导思想与现代教育理念脱节。现代教育理念着重于激发学生的创新潜能和实践技能，然而，当前高校音乐教材的内容往往偏重于理论知识的灌输，而忽视了对学生音乐实践和创新思维的有效培养。这导致学生难以将所学知识运用到实际生活中，限制了他们的音乐发展潜力。

（3）教材编写人员素质参差不齐。高校音乐教材的编写需要具备一定的专业知识和编写经验。但是，目前一些教材内容陈旧、缺乏创新，质量不高。这不仅影响了学生的学习体验，还限制了音乐教育的发展。

（4）教材缺乏地方特色和文化多样性。我国地域广阔，民族音乐文化丰富多彩。但是，目前高校音乐教材往往缺乏地方特色和文化多样性，导致学生难以接触到本地区的优秀音乐文化。这不利于培养学生的文化认同感和自豪感。

2. 改进措施

（1）加快教材内容更新速度。教育部门和学校应加强对高校音乐教材建设的重视，鼓励教材编写人员关注音乐学科的最新研究成果，及时更新教材内容。同时，建立教材更新机制，确保教材内容与时俱进。

（2）转变教材指导思想。高校音乐教材应以学生为中心，注重培养学生的音乐实践能力和创新能力。教材编写应强调学生的参与和互动，鼓励学生在音乐学习中发挥主动性和创造性。同时，应注重情感教育和审美教育，培养学生的音乐情感和审美能力。

（3）提升教材编写人员素质。加强对高校音乐教材编写人员的培训和选拔，确保他们具备相关的专业知识和编写经验。同时，鼓励教材编写人员参与音乐学科得研究活动和学术交流活动，不断提升其专业素质和创新能力。

（4）融入地方特色和文化多样性。高校音乐教材应充分融入地方特色和文化多样性，介绍本地区的优秀民族音乐文化。通过选取具有代表性的音乐作品和案例，引导学生了解和欣赏本地区的音乐文化，培养学生的文化认同感和自豪感。同时，鼓励学校开展具有地方特色的音乐活动，以丰富学生的音乐体验和学习内容。

通过以上改进措施的实施，我们可以进一步提升高校音乐教材的质量，为培养学生的音乐素养和审美能力提供更好的支持，推动高校音乐教育的创新和发展。

# 第二节　音乐教育教学核心课程的构建

## 一、构建大学音乐教育核心课程的必要性

大学音乐教育是培养大学生音乐素养和审美能力的重要阶段，其核心课程的构建尤为重要。音乐教育核心课程的构建旨在立足于大学生音乐素养提升的目标，通过课程改革加强音乐教师人才培养的薄弱环节，从而全面提升大学生的音乐综合素质。

## 二、大学音乐教育核心课程体系的内涵

大学音乐教育核心课程体系应以提升学生的音乐素养和审美能力为核

心，整体构建音乐教育课程体系。该体系不仅包含基础音乐知识和技能的学习，还包括音乐鉴赏和表演能力的培养。具体而言，课程体系可包括以下几个方面：

（1）基础类：包括"音乐基础入门""识谱与乐理""视唱练耳"等课程，旨在为学生打下坚实的音乐基础。

（2）鉴赏类：包括"民族音乐鉴赏""世界音乐欣赏""古典与流行音乐对比欣赏"等课程，皆在通过多元化的音乐作品，提升学生的音乐审美能力和文化意识。

（3）表演类：包括"歌唱技巧""合唱与指挥""乐器演奏入门"等课程，皆在通过实践活动，培养学生的音乐表现力和团队协作能力。

## 三、大学音乐教育核心课程体系构建的原则与策略

### （一）构建原则

（1）审美性原则：注重音乐审美教育，通过音乐作品的欣赏和表演实践，提升学生的审美情趣和审美能力。

（2）针对性原则：根据学生的年龄、兴趣和发展水平，因材施教，确保课程内容与学生的实际需求相契合。

（3）多样性原则：课程内容应涵盖不同风格、不同地域的音乐作品，引导学生了解多元音乐文化。

（4）整体优化原则：课程体系应协调统一，确保各课程之间的衔接与互补，以实现学生音乐素养的全面提升。

### （二）构建策略

（1）明确音乐教育目标：高校音乐教育的目标是培养学生的音乐兴趣、审美能力和实践能力，为其终身学习和全面发展奠定基础。

（2）加强课程改革与创新：根据社会发展需求和学生的实际情况，不断更新课程内容，采用新的教学方法和手段，提高教学效果。

（3）加强师资队伍建设：提升音乐教师的专业素养和教学能力，确保教师能够胜任核心课程的教学任务，为学生提供优质的音乐教育。

（4）完善教育保障机制：建立健全音乐教育管理机制和评价体系，确保音乐教育的顺利实施和可持续发展。同时，加大对音乐教育的投入，提高其教学质量和水平。

（5）注重课程资源开发与实践活动：充分挖掘校内外的音乐教育资源，开展多样化的音乐实践活动，使学生在实践中提升音乐素养和创新能力。同时，加强与社区、艺术团体等的合作与交流，拓宽学生的音乐视野和实践机会。

# 第三节　音乐教育革新与多元文化要求

在多元文化交融的现代社会中，我国 56 个民族的音乐文化展现出独特的民族特色和差异。高校音乐教育作为传承和弘扬民族音乐文化的重要阵地，面临着如何推动不同民族音乐文化和谐发展的挑战。这不仅是文化和教育部门需要深入思考的问题，还是新时代高校音乐教育的重要任务。

在大学音乐教学中，引入多元文化的理念是解决当前音乐教育问题的重要途径。但从当前的实际教学情况来看，多元文化音乐教育理念在大学音乐教学中的渗透还不够，需要教育工作者不断探索和实践。

将多元文化形式融入高校音乐教学内容，不仅可以培养学生的审美能力，还能加深他们对不同民族音乐文化的理解和尊重。例如，在教学中可以引入各民族的传统音乐、民间歌曲和舞蹈，让学生亲身感受不同民族音乐的独特魅力。同时，比较不同民族音乐的风格和特点可以帮助学生拓宽音乐视野，提高音乐鉴赏能力。

这样的教学模式不仅能够全面提升学生的音乐学习能力，还能激发他们对民族音乐文化的热爱和自豪感。在多元文化的熏陶下，大学生将成为我国优秀民族音乐文化的继承者和弘扬者，为传承和发展民族音乐文化贡献自己的力量。

因此，高校音乐教育应积极探索和实践多元文化音乐教育理念，为培养具有全球视野和多元文化素养的音乐人才奠定坚实基础。

# 一、多元文化音乐教育在高校教学中的内涵

## （一）文化与多元文化

### 1. 文化

在我们丰富多彩的国度里，56个民族各自拥有独特的生活环境，这些环境包括社会、地域、气候等多个方面。这些差异形成了各民族独特的生活习俗和文化特色。文化的定义多种多样，但究其本质，它代表了人类对自我和外界的认知。正如泰勒（Tylor）所说，文化是一个包含信仰、知识、艺术、法律、道德、习俗等在内的复杂整体。对于大学生而言，了解文化不仅是学术上的追求，更是认识自我、理解他人的重要途径。

### 2. 多元文化

在全球化的大潮中，多元文化的概念逐渐深入人心。多元文化意味着不同文化之间的积极交流与相互理解。随着信息流通的加速，各种文化之间的碰撞与融合日益频繁，这为大学生提供了丰富的文化体验和学习机会。多元文化不仅是一个学术概念，更是一种生活方式和社会现象，它鼓励我们欣赏不同文化的魅力，尊重文化多样性。

## （二）多元文化音乐教育在高校教学中的体现

在高校音乐教学中，多元文化教育理念具有深远的意义。它要求我们不仅关注本土音乐文化，还要积极引入世界各地的音乐元素，让大学生在欣赏不同音乐风格的同时，理解不同文化背景下的音乐表达。

多元文化教育在音乐学科中的体现，可以概括为以下几个原则。

### 1. 本土性——传承与弘扬民族音乐

大学音乐教学应先从传承和弘扬本民族音乐文化入手，让大学生了解并喜爱本民族音乐。通过学习本土音乐，培养大学生的民族自豪感和文化认同感。

2．世界性——拓宽音乐视野

在了解本土音乐的基础上，大学音乐教学应引导大学生欣赏世界各地的音乐文化，拓宽音乐视野。通过学习不同国家的音乐作品和风格，培养大学生的国际视野和跨文化交流能力。

3．平等与尊重——理解并尊重多元文化

多元文化音乐教育强调平等与尊重。在音乐教学中，教师应引导大学生理解并尊重不同文化背景下的音乐表达，使他们认识到每种文化都有其独特的价值和魅力。同时，鼓励大学生积极参与音乐实践活动，体验不同文化的音乐风情。

综上所述，多元文化音乐教育在大学教学中具有重要意义。它不仅能够丰富大学生的音乐体验和文化知识，还能够培养大学生的国际视野和跨文化交流能力，为培养具有全球意识和文化素养的新时代青年打下坚实基础。

## （三）多元文化音乐教学在高校教学中的实践

1．多元文化音乐教学模式在高校教学中的应用

大学阶段的音乐教育是培养大学生审美能力和文化素养的重要途径。将多元文化音乐教育理念融入高校音乐教学，不仅能使教学内容更加丰富多彩，还能极大地拓宽大学生的音乐视野，从而有效地培养他们的跨文化交流能力和理解能力。在高校音乐教学中，教师可以采用多种多元文化音乐教学模式，如民族音乐欣赏、世界音乐探索等，让大学生在了解不同民族音乐文化的同时，感受音乐的多元魅力。

其中，民族音乐欣赏模式可以让大学生通过欣赏不同民族的音乐作品，了解各民族的音乐风格和特色，培养大学生的音乐鉴赏能力。同时，通过对比不同民族音乐的异同，引导大学生思考音乐的文化内涵，培养大学生的跨文化意识和尊重多元文化的态度。

世界音乐探索模式则更注重大学生对全球音乐文化的了解和学习。教师可以引导大学生探索不同国家和地区的音乐文化，如非洲鼓乐、拉丁美洲的

探戈等，让大学生在了解全球音乐多样性的同时，感受不同音乐文化的独特魅力。

### 2. 多元文化音乐教学在大学阶段的发展历程

多元文化音乐教学在大学阶段的发展历程，与我国多元文化音乐教育的整体发展密切相关。从早期的萌芽阶段到如今的崛起阶段，多元文化音乐教育在大学阶段也经历了从探索到普及的过程。

在早期，由于历史原因和西方音乐文化的强势影响，大学音乐教育主要侧重于西方古典音乐的传授。但随着多元文化教育理念的普及和深入，大学音乐教育开始逐渐引入多元音乐文化元素，从单一的西方音乐教育向多元文化音乐教育转变。

近年来，随着国际交流的日益频繁和我国民族音乐文化的复兴，大学音乐教育越来越重视多元音乐文化的融入。越来越多的学校开设了民族音乐课程、世界音乐课程等，让大学生有机会接触与学习不同民族和国家的音乐文化，这不仅丰富了大学生的音乐体验，还促进了他们对多元文化的理解和尊重。

### 3. 多元文化音乐教育的价值取向在高校教学中的体现

在高校教学中实施多元文化音乐教育，其价值取向主要体现在以下几个方面：

首先，多元文化音乐教育有助于培养大学生的国际视野和跨文化交流能力。通过学习与欣赏不同民族和国家的音乐作品，大学生能够了解不同文化的特点和差异，培养尊重多元文化的态度。同时，多元文化音乐的交流也为大学生提供了与国际友人沟通的桥梁，有助于提高大学生的国际交流能力。

其次，多元文化音乐教育有助于传承和弘扬民族音乐文化。通过学习和欣赏民族音乐作品，大学生能够更加深入地了解本民族的音乐文化，培养对民族音乐的热爱和自豪感。同时，多元音乐文化的融入也能够为民族音乐文化注入新的活力，推动民族音乐的传承和发展。

最后，多元文化音乐教育有助于促进大学生的个性发展和素质全面提升。

多元音乐文化的丰富性和多样性为大学生提供了更多的选择与发展空间。大学生可以根据自己的兴趣和特长选择适合自己的音乐学习方向，发展自己的音乐才能。同时，多元音乐文化的融入也有助于培养大学生的批判性思维和创新能力，促进大学生的素质全面提升。

在高校教学中实施多元文化音乐教育，不仅能够丰富教学内容、拓宽大学生的音乐视野，还能够培养学生的国际视野、跨文化交流能力、对民族音乐的热爱与自豪感，以及促进个性发展和素质的全面提升。因此，我们应该积极探索和实践多元文化音乐教学在大学阶段的应用与发展。

## 二、大学音乐教学中多元文化的融入价值

### （一）增强对音乐本源的认同感

音乐是人类情感的表达和精神的寄托，无论地域和文化背景如何差异，音乐都是人类共有的宝贵财富。在大学音乐教学中融入多元文化，能够帮助大学生更加深入地理解音乐的本质和价值，增强对音乐本源的认同感。通过学习与欣赏不同民族和国家的音乐作品，学生能够认识到"音乐无国界"，每种音乐都承载着特定文化的独特魅力，值得我们去尊重和欣赏。

### （二）拓宽文化视野

在音乐教学中融入多元文化，可以让大学生接触到更多的文化元素，拓宽他们的文化视野。通过学习不同民族和国家的音乐，大学生可以了解各个文化的特点和差异，增强对不同文化的理解和尊重。这不仅有助于培养大学生的跨文化交流能力，还能促进不同文化之间的和谐共处。

### （三）强化传承与发展意识

大学音乐教育不仅教授音乐知识和技能，更重要的是培养大学生的音乐素养和传承意识。通过融入多元文化，大学生可以更加深入地了解不同民族和国家的音乐文化，认识到每种音乐文化都有其独特的价值和意义。这可以激发大

学生的探索兴趣和创新精神，促使他们主动传承和发展本民族的音乐文化，吸收多元文化的精华，推动音乐文化的繁荣和发展。

### （四）丰富音乐教学内容

传统的大学音乐教学内容往往较为单一，侧重于音乐理论和技能的传授。引入多元文化可以极大地丰富教学内容，为学生提供更加多样化的学习资源。不同民族和国家的音乐作品具有独特的风格与特点，为学生提供了多样化的学习体验。同时，多元化教育模式的融入也能推动教学方法的改革和创新，提高教学效果和学习效率。

在大学音乐教学中融入多元文化，不仅可以增强学生对音乐本源的认同感，拓宽文化视野，强化传承与发展意识，还能够丰富教学内容，提升教学效果。因此，教育工作者应积极探索和实践多元文化音乐教育，为培养具有全球视野和跨文化交流能力的新时代青年贡献力量。

## 三、大学音乐教学中多元文化融入面临的问题

### （一）教学模式传统且缺乏创新

在当前的大学音乐教学中，受应试教育的影响，部分教师仍然沿用传统的教学模式，注重知识灌输而非能力培养。声乐教学多以传统的钢琴伴奏为主，曲目选择也多偏向于艺术歌曲，缺乏对多元音乐文化的引入和探讨。这种单一的教学模式难以激发学生的学习兴趣，也不利于培养学生的跨文化音乐鉴赏能力。

### （二）本土音乐文化教育重视不足

我国拥有丰富多样的本土音乐文化，但在大学音乐教学中，部分学校对本土音乐文化的教育不够重视。受西方音乐文化的影响，一些学生对本土音乐文化缺乏了解和认同，甚至存在盲目崇拜外国音乐的倾向。这不利于培养学生对本土音乐文化的自豪感和传承意识。

### （三）教材和教学资源匮乏

在大学音乐教学中，教材和教学资源对于多元文化音乐教育至关重要。但是，当前部分学校使用的音乐教材内容陈旧，缺乏多元文化元素，无法满足学生对多元音乐文化学习的需求。同时，音像资料等教学资源也相对匮乏，限制了多元文化音乐教学的有效开展。

### （四）教师多元文化教育理念有待加强

多元文化音乐教育需要教师具备相应的教育理念和教学能力。但是，部分大学音乐教师对多元文化音乐教育的认知不足，缺乏相关的教育理念和教学方法。这导致他们在教学中难以有效地融入多元文化元素，无法为学生提供全面的音乐文化体验。

### （五）教师能力有限，制约多元文化音乐教学的发展

教师在多元文化音乐教育中扮演着关键角色。但是，当前部分大学音乐教师在教学能力和知识储备方面存在不足，难以满足多元文化音乐教学的需求。他们在教学过程中往往缺乏创新和灵活性，难以引导学生从多元文化的视角欣赏和理解音乐，这限制了多元文化音乐教学在高校阶段的有效开展和深入发展。

## 四、多元文化对大学音乐教学的现实要求

### （一）强化多元文化音乐课程建设

大学音乐教育在培养学生音乐素养和审美能力的同时，也需要承担起传承和弘扬多元文化音乐的责任。多元文化音乐课程建设是大学音乐教育的重要环节，它要求学生通过音乐学习，不仅能够掌握基本的音乐知识和技能，还能够了解不同民族和国家的音乐文化，增强跨文化交流能力。

多元文化音乐课程建设应强调以下几个方面：首先，重视本土音乐文化的

教育，让学生了解和欣赏本民族的音乐文化，培养民族自豪感和文化认同感。其次，引入世界音乐元素，让学生接触不同民族和国家的音乐作品，拓宽音乐视野，培养其国际意识。最后，注重音乐文化的比较与融合，通过对比不同民族的音乐文化，引导学生理解音乐的多样性和差异性，培养学生的批判性思维和创新能力。

### （二）构建"双语"音乐教学体系

针对当前大学音乐教学中西方音乐体系过于强势的问题，应构建"双语"音乐教学体系，即同时注重本土音乐文化和西方音乐文化的教学。通过"双语"教学，学生既能掌握西方音乐的基本知识和技能，又能了解和欣赏本土音乐文化，实现中西音乐文化的融合与共生。

在"双语"音乐教学体系中，应注重本土音乐文化的挖掘和传承，将民间音乐、传统音乐等纳入教学内容，让学生感受本土音乐的独特魅力和文化内涵。同时，也要注重西方音乐文化的引入和借鉴，通过对比学习，学生可以理解不同音乐文化之间的差异和联系，培养其跨文化交流能力。

### （三）充实教材和教学资源

为了顺利实施多元文化音乐教学，需要充实教材和教学资源。教材应包含本土音乐文化和世界音乐文化的相关内容，注重不同音乐文化的比较与融合。同时，应利用音像资料、网络资源等现代教学手段，丰富教学内容和形式，提高学生的学习兴趣和积极性。

此外，学校应加强和社区、艺术团体等的合作与交流，引进优秀的音乐人才和作品，为学生提供更多的音乐实践机会。通过参与音乐活动、演出等形式，学生能亲身体验不同音乐文化的魅力，从而加深其对多元音乐文化的理解和认同。

### （四）提升教师的多元文化音乐教育素养

教师在多元文化音乐教学中扮演着关键角色。为了顺利实施多元文化音乐教学，教师需要具备相应的教育素养和教学能力。学校应加强对教师的培训和教育，提高教师在多元文化音乐教育方面的意识和能力。

教师可以通过参加研讨会、工作坊等形式，了解不同民族和国家的音乐文化，拓宽音乐视野和知识面。同时，教师也应注重自我学习和实践，不断提升自己的音乐素养和教学能力。在教学过程中，教师应注重引导学生从不同文化的角度欣赏和理解音乐，培养学生的跨文化交流能力和批判性思维。

### （五）重视本土音乐文化的传承与发展

大学音乐教育不仅要传授音乐知识和技能，更要重视音乐文化的传承与发展。在教学过程中，教师应引导学生了解本土音乐文化的历史和发展脉络，培养学生对本土音乐文化的热爱和传承意识。同时，也要注重音乐文化的创新和发展，鼓励学生参与音乐创作和表演活动，推动本土音乐文化的繁荣和发展。

通过重视音乐文化的传承与发展，大学音乐教育可以为学生提供一个更加广阔的音乐学习空间和发展平台，从而培养学生的音乐素养和综合能力，使他们成为具有全球视野和跨文化交流能力的新时代青年。

### （六）在高校音乐教育中树立多元化音乐教育理念

随着教育改革的不断深化，高校音乐教育虽然取得了一定的进步，但在实际教学中仍面临诸多挑战。其中，音乐教育理念的滞后尤为突出。传统的音乐教育往往过于偏向西方音乐，忽视了本土音乐文化的传承与发展，这导致音乐教育的多元化进程受阻。

高校音乐教育应树立多元化音乐教育理念，这不仅是教育改革的必然趋势，更是培养具有全球视野和跨文化交流能力人才的重要途径。首先，多元化音乐教育理念强调对本土音乐文化的重视，通过教授和欣赏本土音乐作品，增强学生的民族自豪感和文化认同感。其次，该理念鼓励学生吸收和发展多民族文化，拓宽学生的音乐视野，培养其跨文化交流能力。

为了树立多元化音乐教育理念，高校音乐教育应着力解决当前存在的问题。一方面，需要调整课程设置，增加本土音乐文化的比重，减少过度依赖西方音乐的现象。另一方面，教师应转变教育观念，从传统的单一化教学向多元化教学转变，注重培养学生的音乐鉴赏能力和创新精神。

### （七）在大学音乐教育中构建多元文化音乐教师队伍

在大学音乐教育中，教师扮演着至关重要的角色。建设多元文化音乐教师队伍，对于提升教学质量和推动多元化音乐教育的实施具有重要意义。

首先，教师应注重自身素质的提高。多元文化音乐教育要求教师具备广阔的视野和深厚的文化素养。因此，教师需要不断学习和探索，以提升自身的音乐素养和跨文化交流能力。同时，学校应鼓励教师参与多元文化音乐教育的研讨和交流活动，以促进教师之间的合作与共享。

其次，加强对多元文化音乐教育师资的培养。学校应加大对多元文化音乐教育师资力量的投入，组织教师参加相关培训和进修活动，提高教师的专业素养和教学能力。此外，学校还应积极引进国内外优秀的多元文化音乐教育人才，为学校音乐教育注入新的活力。

### （八）明确人才培养定位

明确人才培养定位并突出专业方向特色是实现教育目标的重要途径。艺术创新人才的培养应以创新精神、创造能力和创业意识为核心，注重学生综合素质和实践能力的培养。

为实现这一目标，大学音乐教育应从课程体系改革入手，构建"平台＋模块"的课程体系架构，旨在突出课程的开放性、综合性和创造性，为学生提供丰富多样的学习资源和选择空间。同时，学校应加强精品课程建设，推动课程体系的根本性改革，通过改变现有的教育模式和课程设置，实现从继承性教育向创造性教育的转变。

在课程设置上，应注重跨学科平台的搭建，将音乐与其他学科有机结合，促进学生的全面发展。此外，学校还重视实践教学环节的设计和实施，为学生提供更多的实践机会和平台，培养他们的实践能力和创新精神。通过这些措施的实施，大学音乐教育将更好地适应时代发展的需求，培养出更多具有全球视野和跨文化交流能力的艺术创新人才。

## 五、多元文化音乐教育在大学音乐教学中的实践方向

### （一）多元文化音乐教育与本土音乐文化的融合

随着教育改革的推进，多元文化音乐教育理念逐渐在大学音乐教学中占据重要地位。因此，如何有效地将这一理念与本土音乐文化相结合，是大学音乐教学面临的重要挑战。多元文化音乐教育本土化的探索不仅有助于保护和传承本土音乐文化，还能让学生在多元文化的交融中找到自我认同感和文化归属感。

在大学音乐教学中，我们应该积极寻找本土文化与多元文化的契合点，在立足本土音乐文化的基础上，学习和借鉴多元文化的精髓。例如，可以引入本地的民歌、民间乐器等，让学生在学习和欣赏中感受本土音乐的独特魅力。同时，通过与其他民族音乐文化的对比学习，培养学生的跨文化交流能力和音乐鉴赏能力。

以客家山歌为例，作为客家文化的瑰宝，我们可以将其融入大学音乐教学，让学生在学习和演唱中感受客家文化的独特韵味。组织客家山歌进校园的活动不仅可以丰富学生的校园文化生活，还能让学生更加深入地了解和热爱本土音乐文化。

### （二）构建多元化的音乐教育体系

在大学音乐教学中构建多元化的音乐教育体系，需要从多个方面入手：

首先，要树立多元文化音乐教育理念，将音乐教育从单纯的技能训练转变为思想意识教育。音乐教育培养学生的审美能力和文化素养，使他们在音乐中感受不同文化的魅力和价值。

其次，要完善课程设置，将本土音乐文化和其他民族音乐文化融入到音乐课程中。课程设置要体现多元化和文化性，注重不同音乐文化之间的比较和融

合。例如，可以设置民族音乐欣赏课程、世界音乐探索课程等，让学生在学习和欣赏中拓宽音乐视野，培养全球意识。

最后，要加强师资队伍建设，提高教师的多元文化音乐教育意识和能力。作为音乐教学的引导者，教师需要具备丰富的音乐知识和跨文化交流能力，才能更好地引导学生进行多元文化音乐学习。学校可以通过组织培训和研讨等方式，提高教师的多元文化音乐教育素养和教学质量。

总之，在高校音乐教学中实施多元文化音乐教育，需要注重本土音乐文化的传承和发展，构建多元化的音乐教育体系，培养学生的跨文化交流能力和音乐鉴赏能力。只有这样，才能让高校音乐教育更加丰富多彩、富有活力。

# 第六章　学生音乐审美与审美能力的培养

随着信息化时代的迅猛发展，音乐欣赏的便捷性日益增强，人们对音乐的审美需求也随之提升。但是，现实中音乐审美能力的普遍提升仍然面临挑战。本章旨在深入探讨音乐教育范畴内的审美教育，细致剖析音乐审美能力的本质内涵及其在个人发展中的重要作用，并在此基础上探索创新培养的路径，以期在新时代背景下有效促进个体音乐审美能力的全面提升。

## 第一节　音乐教育中的审美教育

### 一、音乐教育中审美教育的相关内容

在音乐教育的大框架内，审美教育不仅是核心组成部分，更是音乐艺术的灵魂表达。这种教育不仅涵盖音乐知识的学习和音乐技能的培养，更包括对音乐审美能力的锤炼。事实上，音乐审美能力的培养离不开扎实的音乐知识和熟练的音乐技能，这三者相辅相成，共同构成个体全面的音乐素养。随着社会文化的不断进步和大众审美的日益多元化，音乐教育也需要与时俱进，不断适应和满足人们的审美需求。

要深入理解音乐教育中的审美教育，就须从多个维度进行剖析。不论是广义的音乐普及教育，还是狭义的专业音乐教育，其成功都离不开社会、学校、家庭三方的共同努力和密切配合。音乐美育作为一项涵盖面极为广泛的音乐艺术教育活动，在实际的教学实践中，更需将各种教学内容有机融合，以形成一套完整、系统的教育体系。

#### （一）音乐基础知识与史论知识

音乐基础知识教育主要涉及乐理知识的传授以及视唱练耳等基础技能训

练，这些都是对音乐"美的规律"的基本认识。值得一提的是，音乐作为声音的艺术形式，其"美的规律"的认识不能孤立存在，而需要与其他音乐学习内容紧密结合。例如，在音乐的欣赏、创作和表演训练中，我们需要不断加深对乐理和读谱知识的理解与应用，并逐步培养和提升听觉能力、音乐记忆能力等。此外，音乐史论知识的教学也可以视为音乐文化知识的教学。通过学习，我们可以更深入地了解音乐的发展历程、不同民族音乐的特色、音乐与人类生活的紧密联系以及不同风格音乐所蕴含的文化意义。这种以音乐欣赏为基础的文化教育，无疑在音乐美育中占有重要地位。通过对经典音乐作品的深入解析，我们不仅可以丰富音乐的文化内涵，还能显著提升个人的音乐修养。在教授音乐基础知识与史论知识时，教师应注意将其与其他音乐教学内容相结合，以增强趣味性和文化性，使其更加贴近普通学校的审美教育需求。

### （二）音乐艺术活动

音乐艺术活动包括采风创作、歌唱比赛以及各种演出等。通过参与这些活动，学生可以极大地提升学习兴趣和热情。作为音乐审美教育的一种途径和方式，音乐艺术活动不仅可以锻炼学生的音乐技能，还能丰富他们的思想情感。这些活动既是对课堂教学的有益补充，又能促进课堂教学的深入开展。

音乐教育作为一种能够全面提升学生综合素质的教育活动，对于丰富个体的精神世界和提升审美情趣具有深远的意义。学校的音乐教育从本质上来说是一项塑造人的工程，通过多种形式实现对学生综合能力和审美能力的培养与提升，最终达到塑造完善人格和提升情感境界的目的。只有当音乐教育真正实现对人格的良好塑造时，才能充分发挥其特有的教育意义和艺术价值。

### （三）音乐技能的训练

音乐技能的训练是审美教育中不可或缺的一环。音乐既是一门艺术，也是一门技术性极强的学科。无论是演奏还是演唱，都需要通过系统的技能训练来实现艺术的完美呈现。这种训练不仅是对音乐形式中"美的规律"的深刻认识，更重要的是将这些规律熟练地运用到实际的音乐创作和表演中，这个过程具有极强的实践性和操作性。在教学过程中，我们应明确音乐技能训练的目标，并确保这些目标具体、可行且富有挑战性。同时，我们要避免盲目追求过高的目标，以免增加实现的难度。事实上，音乐知识与技能的训练都可以有效提升个体的审美能力。如果我们忽视了审美教育的核心地位，那么原本充满生机与活力的音乐美育就可能变得机械而乏味。

对于大多数学生来说，器乐技能训练的普及程度往往不及声乐技能训练。这主要是因为声乐技能训练相对简单直接，能够更直观地表达内心情感。在声乐演唱训练中，我们不仅要培养学生的歌唱能力，还要引导他们深入体会歌曲的情感内涵，理解歌词的深远意义。这样，学生在声乐演唱的过程中，不仅能够获得相应的情感教育，还能在潜移默化中提升自己的思想境界和审美能力。

相比之下，器乐技能训练更侧重于促进学生身体器官的协调发展，以及提升他们的识谱与视奏能力。需要注意的是，如果教学方式不当，器乐教学可能变得枯燥无味，从而导致学生的学习热情大幅下降。因此，为了有效提升学生的音乐审美能力，我们必须紧密围绕音乐审美教育的教学内容开展教学活动。同时，我们还应充分关注学生的学习兴趣和需求，将知识传授与理论实践相结合，帮助学生学会选择适合自己的表演曲目，并进行合奏训练等多样化的教学活动，以激发学生的学习兴趣和积极性。

### （四）音乐欣赏教学

音乐欣赏教学是指在教师的指导和帮助下，学生通过聆听优秀的音乐作品，深入感受音乐的韵律与美感的过程。通过这一过程，学生不仅可以提升对音乐作品的理解能力，还能在潜移默化中提高自己的音乐素养。通过欣赏优秀的音乐作品，学生可以初步建立对音乐审美的认知框架。在教师的正确引导下，学生可以进一步深化对音乐美的理解和感悟，从而不断提升自己的音乐素养和审美能力。这种教学方式更容易激发学生的学习兴趣和热情，使他们在愉悦的氛围中自然而然地提高音乐素养。

音乐欣赏教学是一种全面的教学方式，其目标不仅是让学生掌握音乐的表达技巧，更重要的是让他们深入理解音乐作品的精神和内涵。此外，由于音乐欣赏教学的内容丰富多样，学生不仅可以欣赏到中国优秀的音乐作品，还能领略到国外不同时期、不同风格的音乐佳作。因此，在选择音乐欣赏作品时，教师需要精心挑选，既要包含经典作品，又要融入符合当代学生特质的优秀作品。

在当今的教学中，教师必须将学习内容与学生的兴趣紧密结合，因为陈旧的话题往往难以激发他们的学习兴趣和热情。因此，教师需要运用正确的观念进行引导，帮助学生对优秀作品形成正确的认识和理解。音乐欣赏教育涵盖了诸多内容，如对音乐家的详细介绍、音乐作品的时代背景、创作过程、作品内容及其影响等，还包括对音乐作品的相关评论等。

### （五）音乐创造性教学

音乐创造性教学旨在通过音乐创作活动培养学生的创造性思维和实践能力，从而在音乐审美教育中提升学生的音乐审美能力。在具体的音乐创作中，我们可以根据学生的实际情况和需求，采用不同的音乐改编和创作手法。例如，可以采用即兴创作的方式，让学生自行设计节奏、创作旋律，并将旋律发展成乐句或乐段。要实现这些教育目标，学生需要具备扎实的音乐基础理论知识，并能将这些理论知识灵活运用到实际创作中。因此，教师在教学过程中应将学习与创作融为一体，帮助学生不断提升音乐思维能力。同时，教师还应注意教学形式的多样性，丰富教学内容，引导学生进行简单的音乐制作与创作活动。

## 二、审美教育在音乐教育中的特殊性

在我国，利用音乐教育来进行审美教育的实践已经有了很长的历史。从古代伟大的教育家孔子开始，音乐教育就被高度重视。无论是古代还是现代，音乐教育在学校教育体系中都占据着举足轻重的地位。它对学生智力的启迪、个性的塑造及全面发展都具有深远的影响。

### （一）审美教育是音乐教育的核心构成

在音乐教育中，审美教育不仅是一个重要的组成部分，还具有独特的教育方式和目标。与其他类型的教育相比，审美教育更注重通过艺术形象的感染和情感的熏陶，促进学生的全面和谐发展。在许多学校的音乐教育实践中，我们常常看到学生通过各种器乐表演或歌曲演唱来展示教学成果。但这种教育方式往往过于强调技能训练，而忽视了对学生主观情感的引导和升华。

事实上，如果能够在音乐教育过程中有效地引导和提升学生的主观情感，其教育效果将远比单纯的技能训练更为显著。审美教育正是侧重于这种情感教育的，它试图在一种既真实又愉快的教学环境中，通过音乐的媒介，激发学生的情感体验，从而达到提升其思想道德水平的目的。

值得注意的是，音乐教育的终极目标并不是将每个学生培养成专业的音乐家或歌唱家。相反，其更深远的目标是通过音乐教育这一途径，培养出全面发展且具有深厚人文素养的个体。这一点恰恰与审美教育的核心理念不谋而合。因此，我们需要正确理解和把握审美教育与音乐教育的内在联系，从而更有效地推动学生的全面发展。

### （二）审美教育是塑造全面发展人才的关键环节

在当今社会，对人才的培养要求已经远远超出了单纯的知识积累。全面发展已成为新时代教育的核心目标，而审美教育正是实现这一目标的关键环节。它不仅是社会发展的必然要求，更是素质教育理念的重要组成部分。

在这个知识爆炸的时代，社会对人才的要求不再是单一的知识储备，而是更加注重个体的全面发展。在这其中，审美素养无疑已成为当代人必备的核心素养之一。因此，作为音乐教师，我们有责任和义务积极引导学生参与各种音乐实践活动，让他们在亲身体验中感受音乐的魅力，不断丰富自己的情感体验。

除了传授音乐技能，我们更应注重学生的个性发展和人格塑造。通过审美教育的引导，帮助学生建立健康向上、积极乐观的人生态度，使他们在享受音乐的同时，也能够不断完善自己的人格，提升自己的综合能力。

## 三、音乐教育中审美教育的基本原则

在音乐教育中，审美教育占据着举足轻重的地位，遵循着一系列核心准则，这些准则是根据现行的教育规律和教育目标精心制定的。以下将详细阐述音乐教育中审美教育的五个基本原则。

### （一）因材施教

因材施教是教育领域的一项基本原则，而在音乐审美教育中，如何具体实施这一原则尤为重要。由于人与人之间在音乐感知能力上存在天生的差异，这种差异与后天的训练无关，是由个体的生理和心理特质所决定的。因此，教师在进行教学时，必须先对学生的基本能力有一个准确的认知，然后根据不同学生的特点和需求来制定相应的教学计划与策略。例如，对于音乐感知能力较强的学生，教师可以设置更高层次的学习目标和挑战；而对于音乐感知能力稍弱的学生，教师则需要给予更多的指导和帮助，以激发他们的学习兴趣和动力。这样，每个学生都能在适合自己的学习路径上不断进步和提升。

### （二）注重实践

音乐教育是一种高度实践性的教育活动。无论是音乐欣赏、音乐创作还是音乐表演，都离不开实践性的教育内容。要想真正培养出"音乐的耳朵"，就必须让学生通过多听音乐来锻炼和提升自己的音乐欣赏能力。同样地，音乐的创作与表演能力也需要通过大量的练习和实践来逐渐获得并提升。

无论是演唱、演奏、读谱还是创作等技能，都需要在教师的指导下进行反复的练习和实践，只有这样，学生才能掌握。没有实践作为基础，即使学生掌握了再多的理论知识，也无法真正将其转化为实际的能力。因此，在强调音乐美育"寓教于乐"的同时，也必须强调刻苦学习和勤于实践的重要性。

## （三）情感教育

情感教育原则是音乐审美教育中最基础且至关重要的原则，它渗透于音乐审美教育的每一个细节。音乐与审美教育相结合，自然而然地就融入了深厚的情感色彩。这种教育方式能够深刻地陶冶人的精神世界，激发并提升人们对美好情感的追求和向往。因此，情感教育不仅是音乐审美教育的一个关键环节，更是贯穿整个教育过程的始终。

在实际的教学过程中，教师需要引导学生通过音乐作品去感受和理解其蕴含的情感，让学生在音乐的海洋中畅游，体验各种情感的碰撞与交融。这样，学生不仅能够提升对音乐的鉴赏能力，还能在潜移默化中丰富自己的情感世界，成为更加感性和富有同情心的人。

## （四）寓教于乐

音乐教育中的审美教育并不是通过强制学生参与特定的音乐活动来实现的，而是采用一种更为自由、灵活的方式。这种方式避免了冗长的理性说教，转而依赖音乐自身的美感来感染和影响学生。学生出于对美的向往和追求，会自发地去感受美、体验美，从而在享受音乐的过程中自然而然地接受审美教育。

在教学过程中，教师应避免使用过于专业的音乐标准要求学生，以免让学生产生厌倦和抵触情绪，进而丧失对音乐的兴趣和热爱。相反，教师应致力于为学生营造一个轻松、愉悦的学习环境，让学生在享受音乐的过程中自然而然地提升知识和技能。这样，学生不仅能够在快乐中学习，还能更深入地领略音乐的魅力。

## （五）创新能力培养

创新能力是素质教育不可或缺的重要组成部分，因此创新能力培养是审美教育中的一项重要原则。音乐教育作为一项综合性的活动以及一种创造性的艺术形式，其每一个环节都离不开创新能力的支撑。无论是作词、作曲还是音乐的表演与创作，都需要学生具备创新意识和创造力。

随着时代的不断发展和进步，只有不断地进行创新，才能创作出更多优秀的音乐作品，以满足人们日益增长的精神文化需求。因此，教师在教学过程中应注重培养和激发学生的创新能力，通过各种教学手段与方法引导学生进行独立思考和创新实践。这样不仅能够提升学生的音乐素养和技能水平，还能培养他们的创新意识和创造力，从而为其未来的音乐事业发展奠定坚实的基础。

## 四、音乐教育中的审美要素分析

审美要素在音乐教育的架构中占据着核心地位。无论在哪个教学领域探索审美，都需遵循既定的客观规律与原则，以确保教育的质量与深度。

### （一）音乐教学内容

作为音乐教育的基石，音乐教学内容的编排与选择直接影响着学生审美能力的培育和发展。这一过程要求教师具备高度的敏感性和严谨性，精心挑选能够触动心灵、激发想象的教学材料。音乐，作为一种情感与艺术的载体，其教学内容应当贴近学生的生活实际，既可以是温馨的祝福，也可以是对美好生活的向往，以此激发学生的共鸣，为审美能力的提升奠定基础。

音乐教学内容的选择应当兼顾旋律的优美与艺术价值，如同磁石般吸引学生的注意力，在潜移默化中将其转化为学生内在的审美感知力。经典音乐作品与现代音乐精品的融合，不仅能够让学生领略音乐的精粹，还能通过对比与鉴赏，拓宽审美视野，提升审美品位。在器乐的选择与搭配上，教师应巧妙结合教学内容，利用不同乐器的独特音色与表现力，展现音乐的多样性和变化之美，引导学生在和声与旋律的交织中，体会音乐的层次与韵律。

### （二）音乐教学方法中的审美原则

音乐教育，作为审美教育的一种独特方式和途径，与其他学科的教学方法存在本质上的差异，这种差异主要体现为音乐教育中的审美教育更加侧重于情感的培养。它以感性为出发点，强调实践过程，并高度重视教育中的潜在效应。综合来看，音乐审美教育所遵循的原则可以概括为以下几点。

1. 实践性原则

实践性原则在音乐教育中占据核心地位，强调音乐艺术的主观性和个体经验的不可替代性。音乐作为一种深度情感表达与交流的媒介，其魅力在于它能激发个人的自我表达和情感释放，让人在旋律与和声中寻找快乐和心灵的慰藉。艺术与日常生活紧密相连，对生活的深刻理解往往源自于亲身经历与感受，而非单一的逻辑推理。正是这些经历赋予了生活丰富的色彩和深层的意义，使人能够全身心地投入到生活的每一刻，与他人的世界产生共鸣。音乐活动，无论是创作、表演还是欣赏，都是主体体验与音乐互动的直接体现，展现了个体在音乐世界中的主观创造、情感传递与感知差异。

在音乐教学实践中，贯彻实践性原则意味着教师需采用简练而启发式的教学语言，通过生动的描述，构建一个富有感染力的审美情境，让学生主动参与其中，而非被动接受。教师应设计多样化的音乐活动，将音乐知识与实践体验无缝融合，使学生在亲身体验中学习和领悟。音乐课堂不再是单向的知识灌输，而是一个充满活力的互动场所。在这里，学生不仅是听众，更是创作者、表演者、评论者，他们通过直接参与音乐创作、表演和欣赏，深化对音乐美的理解与感知。

音乐审美教育的核心在于通过直接参与音乐活动，让学生在体验中感知音乐的美妙，并表达自己的音乐见解与情感。在这一过程中，学生的个人体验成为连接主观意识与客观音乐实体的桥梁。他们对音调、节奏、和声、风格、质地等音乐元素的细腻感受，汇聚成多彩的情感体验流。音乐的美只有在全情投入的体验中，才能被深刻领悟。因此，教师的任务是激励学生积极投身音乐实践，创造更多机会让学生沉浸在音乐的海洋中，经历情感的波动与艺术的洗礼。

"审美体验"是审美主体在审美活动中的心理体验，它源于内心的驱动而非外界的强制，是主动探索而非被动接受的表现。它连接了审美主体与审美对象，将具有审美能力的人（审美主体）与能引起审美愉悦的对象联结在一起。音乐教育的核心在于提供丰富而深刻的审美体验，鼓励学生积极参与音乐实践，从而激发他们的创造性思维，运用联想与想象力，提升个人的审美鉴赏力，享受音乐带来的每一次心灵触动。通过这样的教学实践，音乐教育不再局限于知识的传授，而是成为引导学生发现自我、表达情感、提升审美能力的重要途径，让学生在音乐的旅程中不断成长，体验艺术的无穷魅力。

### 2. 形象性原则

形象性原则是音乐艺术的核心原则之一。音乐语言所塑造的音乐形象，具有鲜明的形象化特征，正是这种形象吸引着学生，感染着他们的心灵。因此，在具体的音乐教学过程中，我们必须贯彻形象性原则，积极引导学生深入感受音乐中的美感。在音乐理论学习或音乐技能训练中，教师可以将枯燥的概念转化为生动的形象，使学生更容易接受和理解。这样的教学方式往往能带来更好的教学效果。

情感特征无疑是音乐审美教育中最基础且最重要的特征。从本质上来说，音乐审美教育就是一种情感教育。音乐不仅是情感的直接载体，还是最具情感表现力的艺术形式。它能够直接而迅速地触及听众的心灵深处，通过声音的多样变化来激发和宣泄人们的情感。音乐中的节奏音调、起伏的旋律、张弛有度的节拍、强弱对比以及丰富多彩的音色，都与人类的情感和心理活动有着惊人的相似性。因此，音乐能够轻易地引发听众强烈的情感共鸣。

在音乐的熏陶下，人们的情感会与音乐的情感融为一体，引发情感的波动与共鸣。音乐审美教育以音乐为媒介，通过感受和体验音乐的美，来升华情感，净化并超越灵魂，从而创造出一种微妙而强大的精神力量。美与情感存在着千丝万缕的联系，因此，音乐教育的根本途径就是通过情感教育来引导人们进行审美教育。

情感是音乐审美活动的媒介和动力源泉。只有当人们对所感知的美有深刻的情感体验时，才能引发强烈的情感共鸣，从而热爱美并创造美。音乐的感知、欣赏、表达和创作都与情感体验紧密相连。与其他艺术形式相比，音乐能够带给人们更直接、更强烈、更深刻的情感体验。因此，在音乐审美教育中，我们应注重情感教育，并将其与理性教育区分开来。所有的教育活动都应以情感为中心，使教师能够享受美、培养音乐气质。

美存在于特定形象的魅力之中，因此音乐审美教育也是一种形象教育。如果没有形象，美便不复存在。美育总是通过某些媒介进行，而音乐作为一种审美媒介，吸引着具有特定情感形象的人们。音乐审美教育中的形象可以帮助学生提高感受、欣赏、评价和创作音乐的能力，引导他们通过具体的形象来体验情感和获得美感。

音乐作为音乐审美教育的媒介，由特定的音乐元素构成，如旋律的高低、节奏的强弱、和声的多样形式等。这些元素创造出特定且富有情感的音乐形象，能够引发观众一系列联想和想象的心理活动，让他们感受和体验到音乐的美，进而提高他们的音乐审美能力及判断和评价能力。

音乐美育的终极目标是培养人的情感、净化人的思想、完善人的性格，并促进人的身心和谐发展以及升华人的精神境界。因此，在音乐教学中，我们应该训练学生对这些音乐元素的敏感性，让这些特定的音乐元素和生动的音乐形象能够充分发挥其艺术感染力。通过这些生动的音乐形象，学生可以在音乐审美教育中获得丰富的情感体验，实现情感共鸣的目标，进而激发他们对音乐审美的追求，提升他们的审美情趣和道德修养。

3．愉悦性原则

音乐，这种能够舒缓人们紧张情绪、为人们提供精神食粮的艺术形式，其教育过程中自然蕴含着愉悦性的原则。音乐教育不仅传授音乐知识和技能，还倡导学生保持良好的心情，能够真正感受到音乐带来的美感和愉悦。这也正是音乐教学的核心目标之一。

美育旨在为教师提供精神上的愉悦和享受。它不同于传统的义务教育方式，而是通过感知和理解美来进行教育实践的。在这个过程中，学生不是被动地接受知识，而是主动地感受音乐的美，并自愿参与到教育实践中来。音乐本身所具有的独特艺术魅力，如优美的旋律、动感的节奏以及丰富的音乐风格，都深深地感染着人们，滋养着人们的思想，能够帮助人们摆脱焦虑和压力，促进身心的和谐与健康，使音乐学习成为一件真正快乐的事情。

此外，音乐的旋律和节奏与人类的思维有着密切的联系。有人说，灵魂就是旋律，也有人说，灵魂蕴含着旋律。当学生处于愉悦的状态时，学习这一原本被视为艰苦劳动的过程，也会染上一层乐于接受的色彩。这种将"苦学"转变为"乐学"的现象，在音乐教学中尤为明显。这也就是人们常说的"乐（音乐）即是乐（快乐）"。

音乐艺术的愉悦性决定了其与教育相结合的独特模式——音乐审美教育。这种教育模式的一个重要特征是将教育与快乐紧密结合，无论是在美感体验上还是在心情愉悦上。当学生在学习中体验到乐趣时，他们会对音乐学习产生更多的兴趣和动力，在快乐的心境中积极体验音乐的美，不仅有助于发展他们的个性和创造力，还能让他们学会用音乐来美化和丰富自己的生活，从而获得更高的审美情趣。这能更快地实现音乐审美教育的目标。

因此，在音乐教育的实践中，我们应该帮助学生创造更多的机会去感受音乐的快乐，让他们能够在美的满足和精神的享受中得到成长与发展。同时，我们也应该在愉快的氛围中对学生进行教育，引导他们在提升审美情趣的同时培养高尚的道德情操。通过这样的教育方式，我们不仅能够让学生在音乐的世界里自由翱翔，更能让他们在人生的道路上走得更加坚定和自信。

4. 情感性原则

音乐，这种深深触动人心的艺术，对人的情感塑造有着不可替代的重要作用。当我们深入探索审美教育的本质时，不难发现它其实是一种情感教育。情感，这一复杂而细腻的人类特质，在音乐审美教育中被赋予了极高的价值。它不仅能够提升学生的热情，塑造他们健康、积极向上的个性，更能陶冶性情，使学生在音乐的熏陶下得到全面的发展。

在音乐教学的实践中，师生之间和谐的情感交流尤为重要。这种交流不仅是优化音乐教学审美效果的重要标志，更是连接教师与学生心灵的桥梁。艺术教育不同于其他形式的教育，它并非通过灌输来达成教育目标，而是需要教师与学生通过音乐这一审美媒介进行深入的交流和沟通。在这个过程中，没有智力教育和道德教育所带有的权威性与强迫性，教学双方完全建立在一种平等、尊重的基础上。建立这种良好的教与学的关系的关键在于教师，音乐教师应当主动抛出情感的纽带，与学生建立起深厚的情感联系，从而创造出一种民主、平等、相互交流的教学气氛。

### （三）音乐教师的审美要求

音乐教师在教育工作中占据着举足轻重的地位，他们的审美观对学生的审美观念形成具有深远的影响。作为美的传播者，音乐教师不仅肩负着传授音乐知识的任务，更是塑造学生审美能力的重要推手。音乐教师的良好形象往往能在无形中熏陶学生的审美意识和能力。

1. 教学语言

教学语言是教师与学生沟通的主要工具，包括口头语言和书面语言两种形式。音乐教师需要精准掌握这两种语言，尤其要注意音乐教育与其他学科教育的差异。在口头语言方面，教师应追求简洁明了且富有感染力的表达方式，这样不仅能有效提高课堂效率，还能激发学生的学习兴趣。在书面语言方面，教师应注重规范性、整齐性和设计感，确保板书或教学材料的布局合理，从而帮助学生更好地理解和吸收知识。

2. 教学仪态

教学仪态是教师在教学活动中礼仪修养的直接体现，必须符合一定的审美标准。教师在语言、举止、着装、表情以及仪容等方面应严格要求自己，展现出大方得体、合乎情理的风采。音乐教师不仅要关注自身的仪表和服饰搭配，更要以身作则，通过自身的榜样作用引导学生对美产生新的认识和感悟。在课堂上，教师应保持语言的规范性，同时动作潇洒活泼，表情自然亲切，手势准确到位。这些都能体现出教师对美的深刻理解和实践应用，从而为学生树立正确的审美观提供示范。

3. 教学气质

教学气质是教师个性和人格魅力的外在表现。在实际教学过程中，一位优秀的音乐教师应具备自信、机智、真诚和果敢等品质。这种教学气质是由内而外自然流露的，无论是深厚的学识基础还是卓越的教育能力，都能对学生产生积极的影响。具体来说，音乐教师应保持积极乐观的心态，拥有良好的审美素养，并对生活与艺术有着独到的追求和见解。他们应能在日常生活中敏锐地发现美、欣赏美并创造美。更重要的是，音乐教师应怀有一颗纯净真挚的心，以热爱学生、热爱音乐、热爱教育事业的满腔热情投身于教育工作中。同时，他们还应树立终身学习的理念，用发展的眼光看待自己的职业和生活，不断提升个人的知识素养，以便更好地为学生提供帮助和指导。

## （四）音乐教学环境的审美特征

一个良好的音乐教学环境离不开听觉环境与视觉环境的和谐统一。这不仅是营造良好教学氛围的外部条件，更是音乐教学环境审美化的重要标志。

音乐作为一种以声音为载体的艺术，聆听在其教学过程中占据着举足轻重的地位。因此，优质的音响设备是音乐教学环境不可或缺的一部分。为了确保音质的清晰和悦耳，教师必须精心挑选和调整音响设备。只有当音响效果达到最佳状态时，才能激发出音乐的美感并吸引学生的注意力。反之，如果音响声音过大或过小、音质模糊不清，或者播放过程中出现故障等问题，都会让学生感到烦躁不安，甚至失去学习兴趣。因此，教师在器乐的选择上也需要格外用心，以避免因器乐质量问题而影响整个教学效果。

除了听觉环境外，视觉环境同样对音乐教学产生重要影响。作为教学活动的主要场所，音乐教室的整体布局应符合教学需求，并体现出一定的审美标准。乐器的摆放和座位的安排应便于教学活动的顺利开展，教具的使用则应努力为学生营造出一个和谐优美的艺术氛围。一个舒适、美观且富有艺术气息的教学环境无疑会激发学生的学习兴趣，并提高他们的学习效率。

# 第二节　音乐审美能力的培养

## 一、音乐审美感知能力的培养

音乐审美能力不是一种单一的能力，而是一种综合能力，它深深地根植于音乐艺术对人的全面审美塑造中。更具体地说，它重视对学生多方面能力的培养，包括但不限于音乐感知、鉴赏、联想、创新、表达和理解能力。这些能力共同构成了音乐审美的核心框架，使个体能够更深入地理解和欣赏音乐作品。

音乐，这种以听觉为基础的艺术形式，首先要求我们具备一定的音乐感知能力，这是进一步鉴赏和分析音乐作品不可或缺的基石。因此，在培养学生的音乐审美能力时，提升他们的音乐感知能力尤为关键。音乐教师应该将培养学生的音乐感知能力作为首要任务，而不仅仅视其为间接的教学目标。

音乐感知能力涵盖了对节奏、旋律、音色、曲式、复调、和声等音乐表现要素的感知、分析、适应及应用的能力。这些要素是构成音乐作品的基础，只有通过对它们的深入感知和理解，我们才能真正领略到音乐的魅力。因此，教师在音乐教学中应着重引导学生对这些音乐要素进行细致的分析和感知，从而逐步提升他们的音乐感知能力。

## 二、音乐审美想象能力的培养

在音乐审美中，想象力同样占据举足轻重的地位。它贯穿于音乐教育的各个环节，是理解和欣赏音乐作品的重要工具。许多音乐作品的内容与意境都需要借助想象力来实现和深化。同样，音乐运动的情态以及人类情感的变化也离不开想象力的参与。

联想，这一心理过程是建立在各种反射基础上的。当新的刺激出现时，它会引发我们对过去情感和经验的回忆，从而产生联想。例如，轻松活泼的节奏往往会让人联想到欢快的奔跑或欢腾的场景。这种联想不仅丰富了音乐作品的内涵，还使听众能够更深入地体验和感受音乐。作为音乐审美活动中的重要方式和途径之一，联想对于提升学生的音乐审美水平具有显著的作用。

值得注意的是，即使是没有明确标题的音乐作品，也需要借助音乐联想来理解和欣赏。因此，培养学生必要的音乐联想能力具有深远的意义。这不仅有助于他们更好地理解和感受音乐作品，还能激发他们的创新思维和想象力。

审美想象是在审美感知和审美联想所提供的信息基础上进一步展开的。我们听到的音乐作品最初只是声音的组合，但要将这些声音转化为具体的形象和意义，就需要借助创造性的联想进行转换。因此，教师在日常教学中应鼓励学生积累多样的音乐素材，通过体验不同的音乐作品来丰富自己脑海中的音乐元素。这样，当学生面对新的音乐作品时，他们能够迅速而准确地进行联想和反应。

为了培养学生的音乐审美想象能力，教师需要引导他们积累艺术经验，多去感受和体会各种音乐艺术作品。只有通过长期的积累和实践，学生的音乐审美想象能力才能得到真正的提升和发展。

## 三、音乐审美情感能力的培养

音乐对人的情感影响主要体现在两个方面：情感广度的拓展和情感深度的深化。只有将这两个方面结合，我们才能不断优化和提升个体的情感世界。

情感广度的拓展是指学生在学习音乐的过程中，通过作品体验到作者所经历的社会与情感历程。当作品播放时，学生能够感受到其蕴含的人格与精神内涵，从而丰富自身的情感体验。例如，当代的学生可能从未亲身经历过战争，但当他们听到关于战争的音乐作品时，会自然而然地产生一种对战争的感受，并激发出爱国之情。同样，那些从未去过农村或体验过农村生活的学生，在听到描绘农村生活的音乐作品时，也会对乡村生活产生向往和想象。这些音乐作品所引发的情感是学生之前从未经历过的，但它们确实丰富和拓展了学生的情感世界，并间接提升了他们的音乐水平和审美能力。

情感素质的深化对学生具有特殊的意义。学生在学习音乐之前就已经具备了一定的自然情感，这些情感会随着年龄的增长与社会经验的积累而变得更具现实性和功利性。但是，音乐作品所传达的内涵与精神往往带有非现实性和虚拟性，这使得学生在欣赏音乐作品时产生的情感具有超越现实的、非功利性的美感。这种美感能够淡化自然情感中的功利性成分，提升学生的精神世界。因此，如果学生能够长期接受这样的音乐审美教育训练，他们的情感质量就会得到提升，精神世界也会变得更加丰富和多彩。这是音乐审美教育不可或缺的一部分，也是培养学生全面发展的重要途径之一。

## 四、音乐审美理解能力的培养

音乐审美理解能力的培养建立在深厚的艺术知识与素养基础上。这种能力的提升并非一蹴而就的，而需要长期的积累和沉淀。丰富的文学艺术修养与多彩的人生经历无疑对音乐审美理解能力的培养产生积极的影响。

在培养审美理解能力的过程中，应避免机械地记忆和背诵，注重感性的把握和领悟。感受与理解在音乐审美中相互关联，二者相辅相成，共同构成音乐审美的核心。音乐审美理解能力应当基于一定的感性经历逐步发展。我们需将对声音的感知、情感的深刻体验以及丰富的想象力紧密结合，从而进一步增强个体的音乐理解能力。

为了提升音乐审美理解能力，我们应广泛欣赏各种优秀的经典音乐作品。

这里的"广泛"不仅指数量上的增加，还指类型上的多样性。不同类型的音乐作品能够带给我们不同的审美体验和感受，从而更全面地提升我们的音乐审美理解能力。

但是，音乐欣赏并不是提升音乐审美理解能力的唯一途径。为了更深入地理解音乐，我们还需要积极参与各种音乐活动，亲身体验音乐的魅力与美感。这种直接的体验能够让我们更直观地感受到音乐的韵律、节奏和情感，从而对音乐有更深刻的理解和领悟。

通过不断地聆听和感受各种音乐作品，我们可以逐步提升自身的音乐修养，积累丰富的情感体验。只有这样，我们才能更好地把握音乐作品的情感基调，深刻领悟作品想要表达的含义，从而进一步提升审美能力，并增强艺术实践能力。

音乐教育，作为素质教育体系不可或缺的一环，本身就承载着艺术教育的核心使命。对于学生而言，更应利用自身的优势和兴趣，选择适合自己的艺术领域，并积极投身于艺术实践中，通过不断的实践和探索，实现自身能力的综合提升和全面发展。

## 五、充分运用音乐的特殊性

音乐教育与其他学科教育的显著区别在于其特殊性。但在现实中我们常常发现，音乐教育的这种特殊性并未得到充分体现，反而更多地呈现出一种说教式的教育方式。这也导致了许多学生表示他们喜欢音乐本身，却对音乐课程提不起兴趣的现象。为了改变这一现状并充分发挥音乐教育的独特价值，我们需要深入挖掘并运用音乐的特殊性进行教育。

音乐的特殊性主要体现在以下两个方面：首先，音乐中的声音具有继承性与可塑性。这是音乐区别于其他艺术形式的重要标志之一，也是其独特魅力的源泉。作曲家会将自己对社会生活的感悟或个人经历融入音乐作品，通过声音的变化和组合来表达内心的情感与思考。同时，音乐作品还会经过表演者的二次创作与演绎，以更加丰富多彩的形式呈现给欣赏者。在这种从作曲家到表演者的传递过程中，不仅需要准确地传达作曲家的意图和情感，还需要让欣赏者能够产生共鸣并理解其中的深层含义。

其次，音乐构成的特殊性也是其独特之处。音乐是由经过筛选的声音构成的，这些声音的特性赋予了音乐独特的魅力和表现力。通过声音的高低、快慢、强弱等变化，音乐能够细腻地描绘出人的情感波动和内心世界。长期的研究与实践表明，不同的声音运动形态能够更好地体现出人的情感变化，甚至能够将内心深处的复杂情感淋漓尽致地展现出来。正是由于构成材料的特殊性，音乐在创作与理解上具有了独特的魅力和价值。

为了充分运用音乐的特殊性进行教育，我们需要从多个方面入手：首先，教师应深入了解并掌握音乐的特殊性及其在教育中的应用方法。其次，在音乐课程设计和教学过程中，教师应注重学生的感性体验和情感共鸣，引导他们通过音乐来表达和感受内心世界。最后，教师还应积极探索和创新音乐教育的方式与方法，以更加生动有趣的形式来激发学生的学习兴趣和创造力。通过这些努力，我们相信能够更好地发挥音乐教育的独特价值，并促进学生的全面发展和个性成长。

## 六、正确运用音乐的批判性

音乐批判是对音乐作品中的美的深入理解与表述，是提升个人审美意识和积累音乐欣赏经验的重要途径。通过音乐批判，我们能够更深刻地感受音乐艺术的魅力，学会更好地表达与创造音乐艺术。但是，正确运用音乐的批判作用并非易事。这要求我们正视并理解音乐批判的重要性，将其视为一种美育教育方式或教育手段，而不仅是一门独立的学科。

为了增强学生的音乐审美能力和批判性思维能力，我们必须重视音乐批判性训练在音乐教育中的地位。这种训练不仅能够提升学生的音乐知识和技能的水平，还能培养他们的分析、判断和认识能力。为实现这一目标，学校的音乐教育体系需要融入更多的音乐批判内容。

当前，许多学校的音乐教育并未充分涉及音乐的批判性教育。因此，有必要在音乐审美教育中增加批判性教育的内容，这不仅包括音乐领域，还应广泛涉及整个艺术教育体系。在课堂内外培养学生的音乐批判能力，使他们了解音乐作品可以有多种解读方式，并鼓励他们从多个角度理解音乐作品。在进行音乐批判时，学生必须提供充分的理由来支持自己的观点，避免空洞无物的批评。

要培养学生的音乐批判能力，首先需要了解音乐审美的评价标准。音乐审美标准是整个审美观的重要组成部分，它受到个人音乐文化素养、社会环境和历史背景等多重因素的影响。审美观是通过社会实践活动形成的对美的本质、领悟、创造等问题的基本态度和观点。在音乐领域，一个人的音乐审美观会影响其对音乐作品的评价和批判。因此，不同的音乐审美观会导致不同的审美标准。

在进行音乐想象的审美评价时，我们需要结合主观标准和客观标准。主观标准因人而异，可能夹杂个人情感，因此必须结合科学合理的客观标准，以避免主观的片面性。客观标准则更加尊重音乐美的规律，能够为我们提供更全面、更客观的评价依据。

从广义的艺术批判角度来看，我们可以将批判划分为三种形式：背景主义批判、形式主义批判（内在主义批判）和印象式主义批判（感情式批判）。这些批判形式在音乐批判中都有其独特的应用价值，但也存在一定的局限性。例如，形式主义批判主要关注艺术作品的结构和品质，但可能忽视了艺术内容的吸引力；而印象主义批判强调批判家的个人感受，具有较大的随意性。背景主义批判主要针对音乐作品产生的社会背景和环境进行探索，但这种批判方式有时可能将简单问题复杂化，甚至与政治因素产生关联。

现代批判家往往采用多样化的批判形式和复杂的批判主题与技巧。他们借鉴了多种文艺批判方式，构成了新的、更严苛的批判标准。这一标准涉及多个层面，并被应用于音乐艺术作品的鉴赏中。只要能够更好地阐释音乐艺术，这些批判家就会采用相应的音乐批判方法。这样的批判方式适用于对音乐艺术有深刻理解的人，以及对社会热点和艺术热点问题具有敏锐判断力的人。他们能够准确地运用音乐批判方法，将复杂且深刻的情感更好地表现出来。

将音乐批判引入音乐教育的目的并不是将所有学生培养成音乐批判家，而是帮助我们反思和改善音乐教育理念，帮助学生树立多样化的音乐意识。通过引入音乐批判，学生可以掌握更多的能力，如分析、判断、理解和写作。这不仅是一种技能，更是一种方法，为学生提供了一种不同的思维方式。因此，将音乐批判作为音乐教育的一部分至关重要，即使不将其作为专门的学科，也应将其作为一种有效的教学方法。

为了合理地将音乐批判引入课堂，我们需要根据学生的音乐素养和接受能力采用不同的方法。在此过程中，有几点需要注意：

首先，要遵循"因材施教"的教育原则。教师需要了解学生的基本情况，然后根据循序渐进的原则，合理安排教育目标。结合教学目标和学生的实际情况，采用恰当的教学方法和手段来完成教学内容。

其次，教师在授课前应做好充分准备，收集和整理不同类型的音乐批判著作，以便在教学过程中更好地应用，帮助学生更好地理解和接受音乐批评。在教学过程中，教师应尽量采用多样化的教学方式和手段，让学生能够更全面地了解和接触音乐批判，增强学生对音乐批判的认知。在此过程中，音乐教师应注重引导学生坚持撰写音乐批判文章。这不仅是培养学生音乐批判能力的重要方式，更有助于他们形成特定的思维方式。重点应放在写作过程中，而非仅仅关注写作结果。通过撰写音乐批判类文章，学生可以将自己的想象和思维转化为文字，这不仅能提升他们的音乐批判能力，还有助于提高其写作能力。

最后，音乐批判的核心意义在于承认音乐艺术的多样性，而非仅局限于某一种风格或表现方法。因此，教师需要为学生营造一种轻松的学习氛围，引导他们深入探究音乐艺术的多样性和不确定性。采用统一的教学方法对待所有学生是不合理的，同样地，要求所有学生采用相同的音乐批判方法也是不科学的。教师在教学过程中应积极引导学生，在相互理解的基础上帮助他们树立对音乐作品的理解和批判的信心。

## 七、善于调动音乐活动中的情感

音乐审美教育的核心在于情感的唤醒与引导。这不仅是知识的传授，更是心灵的触碰与情感的共鸣。音乐作为情感的直接表达，在审美教育活动中扮演着至关重要的角色。它能够穿透理智的壁垒，直达学生的内心深处，激发情感的波澜，促进情感的成熟与深化。在这一过程中，教师担当着情感导师的关键角色，需具备敏锐的洞察力，捕捉音乐活动中的情感脉动，引导学生的情感体验从浅层向深层推进，使每一次音乐之旅都成为心灵的洗礼和审美意识的提升。

中华音乐蕴含着深厚的文化底蕴和丰富的情感表达，是培养学生音乐审美能力的宝贵资源。它不仅承载着历史的记忆，还映射着时代的变迁，以其独特的魅力与深远的影响力，激发着学生的民族自豪感和文化认同感。在音乐教学中融入中华音乐元素不仅可以拓宽学生的审美视野，还能在情感层面引起强烈共鸣，促使学生树立正确的音乐审美观念，提升他们对音乐美的感知与理解能力。

音乐作品的接受过程实际上是一个情感交互与深化的动态旅程。学生在聆听、分析和体验音乐作品时，其情感会随着理解的深入而变化。这种变化犹如音乐与心灵的对话，每一次对话都可能开启新的情感世界。教师应当充分利用这一特性，巧妙设计教学活动，引导学生深入挖掘作品背后的情感内涵与价值观念，使音乐成为情感教育的桥梁，促进学生情感世界的丰富与深化。

音乐，作为情感的语言，是创作者心灵的直接投射。通过音乐，学生能够跨越时空，与创作者产生情感上的共鸣。这种共鸣是音乐审美教育中最为珍贵的部分。教师应当精心设计教学环节，适时引导学生去感受和理解音乐背后的情感逻辑与价值导向，帮助学生在情感体验中逐步构建更为成熟和全面的审美标准，使音乐成为学生认识世界、理解人性的新窗口。

综上所述，音乐教育的过程是情感教育的生动实践。它不仅能够深化学生对音乐作品内涵的理解，还能在潜移默化中净化学生的心灵，丰富学生的情感体验，提升学生的综合审美能力。音乐教师应有意识地、持续不断地激发并引导学生的情感，特别是在学生情感高涨的时刻，给予恰到好处的引导与反馈，使音乐教育成为情感教育的有力支撑，真正实现音乐与心灵的和谐共振，培养出情感丰富、审美高雅的未来一代。

# 参 考 文 献

[1] 常丽文. 对高校音乐教育人才评价模式改革的思考「J」 北方音乐，2017（15）：127-128.

[2] 格更，莫日更图雅. 二十世纪中国学校音乐教育研究［M］. 北京：中国书籍出版社，2020.

[3] 顾晓晖. 创新、发展、融合：我国新世纪音乐教育改革多样化模式研究［M］. 长春：东北师范大学出版社，2018.

[4] 郭声健. 守望音乐教育［M］. 广州：暨南大学出版社，2013.

[5] 刘超. 高校音乐教育与声乐教学研究［M］. 成都：四川大学出版社，2015.

[6] 刘刈. 音乐教育理论与实践［M］. 长春：吉林美术出版社，2018.

[7] 陆小玲. 地方高师音乐教育改革的理论与实践探新［M］. 成都：西南交通大学出版社，2016.

[8] 任义. 基于核心素养的高中思政教育探索［J］. 文理导航，2024（16）：67-69.

[9] 王放恒. 多元文化背景下音乐教育与发展［M］. 长春：吉林人民出版社，2017.

[10] 王文瑧. 高校音乐教育教学模式的创新研究［J］. 北方音乐，2017，37（16）：180.

[11] 徐倩. 探究高校音乐教育教学改革和创新［J］. 黑河学院学报，2017（7）：151-152.

[12] 杨和平，郑茂平. 音乐教育学教程［M］. 上海：上海音乐出版社，2020.

[13] 张倩雯. 高中音乐课堂中融入"课程思政"的探索与实践研究［D］. 黄冈：黄冈师范学院，2024.

［14］张然．高校音乐教育教学方法研究［J］．北方音乐，2017
（11）：181．

［15］张秀荣．浅谈音乐教师应具备的师德修养［J］．大众文艺，2016（7）：
239．